たっぷり作ってずっとおいしい

野菜おかず 作りおき

かんたん **217** レシピ

岩﨑啓子

\ おいしいヒミツがいっぱい /

この本で毎日ラクに
たっぷり野菜を食べられます

忙しい毎日でも、おいしく体にいい食事を作りたい。
市販のサラダに頼らず、上手に野菜をとりたい！
そんな声をよく耳にします。
夕食のしたくが遅くなったときも、ひとりの食事でも
冷蔵庫に野菜おかずの作りおきがあると、心強いもの。
サッと1品、2品添えるだけで、献立のバランスもよくなり
毎日の健康やダイエットにも役立ちます。

野菜は水分が多いので、おかずを作りおきするときは
調理や保存方法にちょっとした工夫をプラスすると
食べるときのおいしさに差がつきます。
この本ではそうしたコツとともに
サッと作れて、好みの野菜を毎日たっぷり食べられる
味のバリエーションも広いレシピをご紹介しています。
朝昼晩のごはんから、お弁当やおつまみまで
いろいろな野菜おかずの作りおきで
毎日の食事をよりおいしく、健康的にできればうれしいです。

岩﨑啓子

もくじ

はじめに……………………………………… 2

作りおき野菜リスト33種 ……………… 8

\ もっとおいしく！/
野菜おかず
作りおき上手になるコツ

傷みにくい調理でおいしさキープ………… 12
半分食べて半分保存する……………………… 13
冷蔵と冷凍を使い分ける……………………… 13
保存の工夫でおいしく食べきる……………… 14
冷蔵保存のコツ………………………………… 15
冷凍保存のコツ………………………………… 16
解凍・温めのコツ……………………………… 17

この本の使い方 ……………………………… 18

Part 1
\ 断然おすすめ！/
作りおきにぴったりの野菜メインおかず

根菜ハンバーグ……………………………… 20
　アレンジ ▶ ソースを変えて和風にも！……… 21
野菜キーマカレー…………………………… 22
　アレンジ ▶ とろ〜り焼きカレードリア……… 23
彩り八宝菜…………………………………… 24
　アレンジ ▶ 香りのいいカレー風味に………… 25
野菜と鶏のクリームグラタン……………… 26
　アレンジ ▶ マカロニを入れて主食に………… 27
野菜たっぷり焼きコロッケ………………… 28
　アレンジ ▶ タルタル風ソースがけに………… 29
ピーマンの肉詰め 甘辛煮…………………… 30
　アレンジ ▶ ひとふりで韓国風！……………… 31
麻婆なす……………………………………… 32
　アレンジ ▶ トマト入りもお試しを！………… 33
ラタトゥイユ………………………………… 34
　アレンジ ▶ とろ〜りピザトーストで………… 35
根菜と鶏の炒め煮…………………………… 36
　アレンジ ▶ いり豆腐に大変身！……………… 37
きのこと鮭のクリームソース……………… 38
　アレンジ ▶ ご飯と煮ればリゾットに………… 39

あると助かる！❶
主食＋野菜で冷凍ごはんメニュー ……… 40
ソース焼きそば／卵とねぎのシンプル炒飯／きのこのナポリタン

3

Part 2 冷凍もおまかせ! おなじみ野菜で作りおき

玉ねぎ

玉ねぎとじゃこの煮もの	44
玉ねぎのそぼろ煮	45
炒め玉ねぎとサーモンのマリネ	45
玉ねぎと桜えびのチリソース炒め	46
玉ねぎのカレー炒め	46
玉ねぎのコンソメ煮	47
焼き玉ねぎの土佐漬け	47

にんじん

にんじんのナムル	48
にんじんラペ	49
にんじんのコーンクリーム煮	49
にんじんのごま酢あえ	50
にんじんグラッセ	50
にんじんのザーサイ炒め	51
にんじんしりしり	51

ピーマン

ピーマンのきんぴら	52
ピーマンのごまみそ炒め	53
ピーマンといかの中華風レモン塩マリネ	53
焼きピーマンのマリネ	54
ピーマンと油揚げの炒め煮	54
焼きピーマンとパプリカのバジルマリネ	55
ピーマンのケチャップみそ焼き	55

なす

なすのカポナータ	56
焼きなすのだしびたし	57
レンジなすのエスニックサラダ	57
レンジなすのマスタードマリネ	58
なすの田舎煮	58
なすと豚の大葉みそ炒め	59
なすのカレースパイス煮	59

かぼちゃ

かぼちゃ煮	60
かぼちゃのカレーきんぴら	61
かぼちゃと豚肉の炒め煮	61
かぼちゃとコーンのミルク煮	62
かぼちゃとクリームチーズのサラダ	62
かぼちゃのミニトマト煮	63
かぼちゃのお焼き	63

小松菜

小松菜と焦がしねぎの中華炒め	64
小松菜とえのきの煮びたし	65
小松菜のおかか辛子あえ	65
小松菜のナムル	66
小松菜のペペロンチーノ炒め	66
小松菜の中華漬け	67
小松菜の信太巻き	67

ごぼう

きんぴらごぼう	68
中華風きんぴら	69
たたきごぼう	69
ごぼうサラダ	70
ごぼうとツナのソース炒め	70
ごぼうのギリシャ風マリネ	71
ごぼうのトマト煮	71

もくじ

れんこん

れんこんとたこの梅マリネ	72
れんこんのお焼き	73
れんこんの辛子みそあえ	73
れんこんの塩きんぴら	74
れんこんと鶏手羽の炒め煮	74
揚げれんこんの酢じょうゆあえ	75
れんこんのチリトマト煮	75

ブロッコリー

ブロッコリーとあさりの蒸し煮	76
ブロッコリーのしょうがびたし	77
ブロッコリーのタルタルサラダ	77
ブロッコリーのチーズフリッター	78
ブロッコリーのオムレツ	78
ブロッコリーのナムル	79
ブロッコリーとちくわの煮びたし	79

きのこ

きのこと牛肉のしぐれ煮	80
焼ききのこのマリネ	81
きのこのおからいり煮	81
きのこのアヒージョ風	82
レンジしめじの酢のもの	82
エリンギの塩きんぴら	83
しめじのマヨあえサラダ	83
焼きエリンギのねぎ塩あえ	84
しいたけの中華煮	84
えのきとにんじんのたらこいり	85
なめたけえのき	85

あると助かる！❷
好みの野菜で冷凍ポタージュスープの素 …… 86

Part 3 　好きな野菜が見つかる！　いろいろ野菜で作りおき

キャベツ

キャベツと鮭のレモンあえ	88
キャベツの粒マスタード煮	89
キャベツとさつま揚げの煮びたし	89
コールスローサラダ	90
キャベツの辣白菜（ラーバーツァイ）	90
キャベツのソース炒め	91
キャベツとチーズの博多漬け	91

大根

大根のだし煮	92
豚バラ大根	93
炒めなます	93
大根と豚肉の韓国風炒め	94
大根のねぎ塩炒め	94
焼き大根	95
大根とかにかまのサラダ	95

じゃがいも

ポテトサラダ	96
明太ポテトサラダ	97
じゃがいもとパプリカのアンチョビー炒め	97
じゃがいもと玉ねぎの甘辛煮	98
クリーミーマッシュポテト	98
せん切りいものさっぱり酢炒め	99
じゃがいも餅	99

さやいんげん

- いんげんのごまみそあえ … 100
- いんげんのザーサイ炒め … 101
- いんげんと豚肉の炒め煮 … 101
- いんげんの田舎煮 … 102
- いんげんとツナのトマト煮 … 102
- いんげんのごま白あえ … 103
- いんげんのタップナードサラダ … 103

トマト

- ミニトマトといかのハーブマリネ … 104
- ミニトマトのはちみつレモンマリネ … 105
- トマトのだし煮 … 105

セロリ

- セロリのじゃこ炒め … 106
- セロリとにんじんの炒めサラダ … 107
- セロリとソーセージのエスニック炒め … 107
- セロリとたこのマリネ … 108
- セロリのポトフ … 108
- セロリの土佐煮 … 109
- セロリとくるみのクリームチーズサラダ … 109

きゅうり

- きゅうりのピクルス … 110
- きゅうりのまる漬け … 111
- きゅうりと牛肉の山椒炒め … 111

アスパラガス

- アスパラの肉巻き … 112
- アスパラのチーズ焼き … 113
- アスパラの焼きびたし … 113

白菜

- 白菜と豚バラの重ね煮 … 114
- 白菜と鶏のクリーム煮 … 115
- 白菜と牛肉の甘酢炒め … 115
- 白菜のサラダ … 116
- 白菜と帆立のとろり煮 … 116
- 白菜とさつま揚げの煮びたし … 117
- 水キムチ … 117

かぶ

- かぶのマヨ炒め … 118
- 焼きかぶ … 119
- かぶのミルク煮 … 119
- かぶとたらこのキムチ風 … 120
- かぶの葉のそぼろ炒め … 120
- かぶとえびのあんかけ … 121
- かぶとベーコンのサラダ … 121

さつまいも

- さつまいものはちみつレモン煮 … 122
- 焼き大学いも … 123
- さつまいもの麻婆煮 … 123

長いも

- 長いもと牛肉の炒め煮 … 124
- 長いものガーリックバター炒め … 125
- 長いもの白煮 … 125
- 長いもの照り焼き … 126
- 長いもの梅酢漬け … 126
- 長いもとチーズのガレット … 127
- 長いものわさびしょうゆ漬け … 127

もくじ

里いも
里いものごまみそ煮 …… 128
里いもの煮っころがし …… 129
里いもといかの煮もの …… 129
里いもの中華風ねぎ塩煮 …… 130
揚げ焼き里いものり塩あえ …… 130
里いものともあえ …… 131
里いものそぼろ煮 …… 131

長ねぎ
ねぎの生ハム巻マリネ …… 132
ねぎと焼き豚のマリネ …… 133
焼きねぎびたし …… 133

ほうれん草
ほうれん草のごまあえ …… 134
ほうれん草としらすの卵炒め …… 135
ほうれん草とチーズのサラダ …… 135

チンゲン菜
チンゲン菜の塩炒め …… 136
チンゲン菜と油揚げの煮びたし …… 137
チンゲン菜のクリーム煮 …… 137

にら
にらチヂミ …… 138
にらの卵とじ煮 …… 139
にらともやしのナムル …… 139

ゴーヤ
ゴーヤとツナのチャンプルー …… 140
揚げ焼きゴーヤのマリネ …… 141
ゴーヤのわさびマヨあえ …… 141

オクラ
オクラのカレー炒め …… 142
オクラのだし漬け …… 143
オクラのチリソース煮 …… 143

ズッキーニ
焼きズッキーニのマリネ …… 144
ズッキーニのジョン …… 145
ズッキーニとひき肉の韓国風炒め …… 145

たけのこ
たけのこの中華きんぴら …… 146
焼きたけのこの山椒塩 …… 147
たけのこの土佐煮 …… 147

豆
五目豆 …… 148
ポークビーンズ …… 149
豆のマスタード風味マリネ …… 149

乾物
切干大根の中華炒め …… 150
切干大根の煮もの …… 151
切干大根の洋風サラダ …… 151
五目ひじき煮 …… 152
切り昆布と豚肉の炒め煮 …… 152
ひじきとごぼうの山椒煮 …… 153
野菜と牛肉のチャプチェ …… 153

あると助かる！❸
好みの野菜でかんたん浅漬け …… 154
塩漬け／酢漬け／辛子みそ漬け／梅漬け

材料別さくいん (50音順) …… 156

7

たっぷり作ってずっとおいしい！ 作りおき野菜リスト33種

〈根菜類〉 作りおきしやすく頼もしい！

にんじん

冷凍Good

カロテンなど栄養も豊富。冷凍するおかずは、歯ごたえが残せるせん切りや薄切りなどが◎。→P.48

ごぼう

冷凍Good

繊維が丈夫で水分が少なく、作りおきにぴったり。細く薄く切ると、冷凍しても食感がいい。→P.68

れんこん

冷凍Good

シャキシャキとして冷凍にも強いので、ぜひ出番を増やして。よく加熱すると甘みが出る。→P.72

大根
冷凍Good

生のサラダ以外は冷凍OK。かために加熱すると、保存で味がしみてほどよいやわらかさに。→P.92

かぶ

やわらかく甘みがあり、火を通しすぎないことが上手に作りおきするコツ。葉も炒めものなどに。→P.118

じゃがいも

冷凍すると脱水されてスカスカになるため、冷蔵が基本。冷凍するにはゆでてつぶすおかずに。→P.96

さつまいも

冷凍Good

じゃがいもと違い冷凍できて、皮つきで煮ると色もきれい。甘みを生かして箸休めの一品に。→P.122

長いも

冷凍Good

じつは冷凍にも強いおすすめ野菜。切るだけでサクサク食べられ、加熱しても食感が楽しめる。→P.124

里いも

冷凍Good

なめらかな口あたりがおいしい煮ものは、かために煮て冷凍もOK。ぬめりをよく洗って。→P.128

この本で使う野菜は、ふだんよく食べているものばかり。作りおきにおすすめの調理や冷凍しやすさをチェックして、いろいろな野菜のおかずを作ってみましょう。

〈 実野菜 〉水けを出さない工夫でおいしく

ピーマン

大きく切るかまるごと調理を。こんがり焼くと冷凍しやすく、青くささもとれておいしい。→P.52

なす

冷凍しても作りたてから状態があまり変わらない頼もしい野菜。色をきれいに保つ調理もコツ。→P.56

かぼちゃ

定番の煮ものの冷凍は、ややかために仕上げるのがコツ。大きく切ると、実もくずれにくい。→P.60

さやいんげん

水分が出ないよう、長めに切って。煮ものなら1本まるごとでも、煮汁がよくしみておいしい。→P.100

トマト

水分が多いので、まるごと煮るか、切らずに使えるミニトマトを活用。冷凍はNGなので冷蔵を。→P.104

きゅうり

大きく切って漬けものにするのが一番。水分が多いので、冷蔵でおいしいうちに食べきって。→P.110

ゴーヤ

苦みが持ち味の夏野菜。基本は冷蔵で、冷凍したい場合はチャンプルーなど炒めものに。→P.140

オクラ

作りおきには刻まず大きく切って加熱。スパイスやだしをきかせると保存で味がしみておいしい。→P.142

ズッキーニ

やわらかく煮くずれやすいので、主役にするならこんがり焼いたり炒めると保存しやすい。→P.144

〈茎・葉野菜〉 煮ものに上手に取り入れて

玉ねぎ

煮ものや炒めものが、冷凍しやすくおすすめ。大きく切ってしっかり加熱して甘みを出して。→P.44

小松菜

茎はシャキシャキ、葉も厚めで、青菜では一番冷凍しやすい。ざく切りして、かためにゆでて。→P.64

ブロッコリー

かためにゆでれば、冷凍もOK。煮ものやあえもののほか、揚げると甘みが出ておいしい。→P.76

キャベツ

加熱して水分を出し、保存で味をしみ込ませるおかずがおすすめ。コールスローなど生は冷蔵で。→P.88

セロリ

繊維豊富で煮たり炒めて冷凍しても、形がくずれにくい。香りの強い葉もハーブ風に役立てて。→P.106

アスパラガス

お弁当にも使いやすい野菜。保存で変色しやすいので、こんがり焼いて見た目もおいしく。→P.112

白菜

とろりと煮て甘みを出すと、くたっとしても味わい深い。冷蔵ならパリッと生でサラダにも。→P.114

長ねぎ

蒸したり香ばしく焼くと保存しやすい。生であえるときは、ニオイが出ないよう水にさらして。→P.132

チンゲン菜

冷凍にはとろりとしたクリーム煮がおすすめ。厚みのある茎と葉を分けて加熱するのがコツ。→P.136

たっぷり作って ずっとおいしい！ 作りおき野菜リスト33種

〈その他〉こちらも作りおきに大活躍！

ほうれん草

ゆでたら水けをていねいに絞って。冷凍には不向きなので、冷蔵で早めに食べきるのがベスト。→P.134

きのこ 冷凍Good

うまみも香りも強く、繊維豊富で冷凍しても食感が残る作りおき向き食材。各種使って。→P.80

豆 冷凍Good

大豆やいんげん豆、ひよこ豆など、豆類は煮くずれず冷凍にも最適。手軽な水煮豆を活用。→P.148

にら

刻むと水けが出てニオイも強くなるので、長めに切って調理。生地に混ぜて焼けば冷凍可。→P.138

たけのこ

手軽な水煮パックは、ゆでこぼすひと手間で風味がアップ。春は生たけのこで作りおきを。→P.146

乾物 冷凍Good

水分が抜けた切干大根は冷凍おかずにぴったり。ひじきや切り昆布なども活用を。→P.150

NG 作りおきに向かない野菜

水菜　**レタス**　**もやし**

水けが多く冷凍も✗

とくに水分の多い水菜、レタス、もやしなどは、加熱しても水けで傷みやすく、表皮が薄いため冷凍するとべちゃべちゃに。作ってすぐに、おいしく食べるほうがおすすめです。

＼もっとおいしく！／
野菜おかず作りおき上手になるコツ

野菜は水分が多いため、おかずにして保存すると水っぽくなりがちです。傷みにくい調理テクや保存法、おいしく食べきるコツを押さえて上手に作りおきしましょう。

作りおきは新鮮な野菜で

加熱調理が基本

1 傷みにくい調理でおいしさキープ

まず、新鮮な野菜を使うことが大切。シャキッとした野菜ほど、調理でくたっとしにくく、風味のいいおかずに。野菜は調理すると水けが出て、傷みやすくなります。作りおきはできるだけ加熱調理をして、さらに大きく切るなど、野菜やおかずによりちょっとした調理テクで、水けや冷凍のダメージを防ぎましょう。

かんたん！ 作りおきの基本テク

野菜は大きく切る
いつもより大きめ、太めにカット。断面が少なくなる分、水分が出にくく、冷凍の霜がつくことも防げおいしさを保てる。

冷凍はかために加熱
冷凍すると野菜の水分が凍り、解凍時にくたっとしやすい。ややかために加熱しておくと、保存で適度なやわらかさに。

表面を焼き固める
お焼きなど表面を焼き固める料理は、野菜の水分が出ないのでおすすめ。野菜をこんがり焼くだけでも効果的。

2 半分食べて半分保存する

まずは作りたての新鮮な野菜の風味を味わって、さらに保存するのが無理なく、おいしく食べきれておすすめです。この本のレシピは、作りやすい4人分が基本。一度に食べきってしまう場合は、材料を倍量にして多めに作りましょう。

作ったら…
すぐに食べる！
保存する！
レシピは基本4人分。必要に応じて倍量に
保存用は取り分けてさます

作りおきテク　かんたん！

冷凍用は「時間差加熱」でさらにおいしく

冷凍する野菜おかずは、ややかために加熱するのがコツ。保存用はひと足早く鍋から取り分け、すぐ食べる分は好みのやわらかさまで加熱を。

3 冷蔵と冷凍を使い分ける

冷凍は冷蔵より長く保存できて便利ですが、野菜の水分が凍って組織が壊れ、長く保存するほど解凍時に野菜がへたってしまいます。どちらにも長所短所があるので、各レシピにある保存期間を目安に、冷蔵と冷凍を使い分けておいしく食べきりましょう。

味がしみる冷蔵は煮ものやマリネ向き

❄ **冷蔵保存** ❄

- ○ すぐに食べられる。
- ○ 時間とともに味がしみ込む。
- ✕ 野菜の水けが出やすく、日持ちが短い。

❄ **冷凍保存** ❄

- ○ 長く保存できる。
- ✕ 解凍の手間がかかる。
- ✕ 野菜の組織が壊れてへたりやすい。

4 保存の工夫でおいしく食べきる

野菜おかずは保存方法も、日持ちや味に大きな差がつくポイントです。おなじみの保存グッズで、できるだけ手間をかけずにひと工夫。ちょっとしたコツで、野菜の傷みを防いで、食べるときに断然おいしくなります。

> たくさん作ってしっかりおいしく！

かんたん！ 作りおき保存の基本テク

清潔な容器に入れる

煮沸殺菌が理想ですが、使う前に容器をよく洗えばOK。肝心なのは水けをしっかり拭き取ること。ふきんは意外と雑菌がつくので、ペーパータオルで拭くほうが衛生的。水けもよく吸い取れます。

> ペーパーで拭くのがおすすめ

手早くしっかりさます

おかずは完全にさましてから冷蔵庫へ。生温かいうちに入れると、冷えるまでに時間がかかり、傷みの原因に。容器や袋に入れてさますときは、ふたや口を閉じないこと。熱がこもり、蒸気の水滴がついて傷みを早めます。

ラベルを貼って保存期限を

おかずの名前をラベルに書くと、冷蔵庫を開けてひと目でわかり便利。このとき、各レシピにある保存期間を目安に、食べる期限も書き添えて。おいしいうちに忘れずに食べきるコツです。

> マスキングテープに書くとはがすのもラク

> ふたをしてさますと水滴がついてNG

傷みにくい工夫でおいしく
冷蔵保存のコツ

❄ **ここで差がつく！**
- ☑ 野菜の水けを出にくくする
- ☑ すばやく冷やす
- ☑ 雑菌をつけない

水けを出にくく

あえものなどの野菜は水けを絞る

冷蔵保存する野菜おかずは、野菜から出る水けを防ぐことで、日持ちがぐんとよくなります。とくにあえものなどは、野菜の水けを絞って調味すると、味もよくしみ込みます。野菜に塩やしょうゆをふり、塩分で水けを出す調理法を役立てて。

塩もみして絞る
生や下ゆでした野菜に塩をふり、軽くもんでしばらくおき、手で包むように水けを絞る。

しょうゆ洗い
下ゆでした青菜などに。しょうゆをふってしばらくおき、繊維を壊さないようにやさしく絞る。

すばやく冷やす

熱伝導性のよい容器で保存する

冷蔵庫に入れてから短い時間ですばやく冷えるほど、おかずの風味や質が変わらず、おいしさを保てます。ホーロー製やガラス製など、熱伝導性のよい密閉容器は、冷気が伝わりやすく冷蔵保存に最適。

雑菌をつけない

清潔なカトラリーで取り分ける

冷蔵したおかずを毎日少しずつ食べるときは、きれいなスプーンや箸で。見落としがちですが、使いまわしでは雑菌が入る要因に。容器に残すおかずにはさわらず、冷えているうちに冷蔵庫に戻しましょう。

"冷凍焼け"を防いでおいしく
冷凍保存のコツ

❄ ここで差がつく!

- ☑ すばやく凍らせる
- ☑ 空気にふれないようにする
- ☑ 小さくコンパクトに保存

すばやく凍らせる **空気にふれない**

冷凍用保存袋に薄く平らに 空気を抜いて詰める

野菜おかずの冷凍は、短時間ですばやく凍らせることが風味と食感を保つ秘訣。さらに空気をシャットアウトすると、霜がつきにくく、酸化による変質も防げます。冷凍用保存袋に薄く平らに詰めると速く凍り、冷凍室に立てて並べられるので、省スペースで取り出しもラクに。

コンテナ容器の場合は「落としラップ」を

なるべく浅めの容器におかずを入れ、空気にふれないよう、落としぶたのようにラップを表面全体に密着させ、上からふたをする。

かんたん！空気抜き密閉の方法

❶ 冷凍用保存袋におかずを入れる。袋の口を少し折り曲げて、立てると詰めやすい。

❷ おかずを下のほうに寄せ、空気を抜きながら口のジッパーを端から閉じていく。

❸ 口を半分以上閉じたら横にし、さらに空気を追い出して密閉。上からおかずを平らにならす。

真空パックのように密着すると◎

すばやく凍らせる **コンパクトに保存**

小分け冷凍でおいしく使いやすく!

1パックのおかずの量が多いと、厚みが出て凍るまでに時間がかかります。使いやすさからも、小さめの冷凍用保存袋に小分けにするのがおすすめ。おいしさを保ちつつ、必要な分だけ解凍できます。

1食分ずつ小袋に
食べるときの量に合わせて、1食分や1人分ずつ小さめの冷凍用保存袋に。

1個ずつラップに
コロッケやお焼きなどは、ラップで個包装してから袋へ。霜や酸化を防げ、お弁当にも便利。

すばやく凍らせる
アルミトレイで手軽に急速冷凍

急速冷凍すると、ゆっくり凍るよりも、野菜の水分の氷が細かい粒になり、風味や質の劣化が防げます。冷蔵庫により急速冷凍機能があれば活用を。なければ凍るまで、金属製のトレイやバットにのせるだけでも、ぐんと速く凍ります。お菓子の缶のふたなどでもOK。

金属面にふれるよう寝かせて

速く凍るよう温度調節も「強」に

おかずを凍らせるときは、冷凍室の温度調節を「強」にして。

\レンジやトースターでおいしく/
解凍・温めのコツ

❄ ここで差がつく！
- ☑ すばやく解凍する
- ☑ おかずによりトースターで再加熱

トースターで再加熱
揚げ焼きおかずはトースターでカリッと

コロッケやフリッター、お焼きなど、油でこんがり揚げ焼きにしたおかずは、レンジ解凍後に袋やラップから出し、トースターで温めながら表面を再び軽く焼いて。水けがとんでカリッと香ばしさが出ます。

すばやく解凍する
野菜おかずはレンジ解凍がおすすめ

自然解凍なら冷蔵室で

野菜おかずは、自然解凍すると水っぽくなりやすく、基本的に食べる直前に電子レンジ解凍するのがおすすめです。レンジ解凍は通常の温めよりも加熱温度が低く、温めで兼用すると冷凍用保存袋の耐熱温度を超える場合が。レンジ解凍後、おかずにより適宜温めましょう。

室温で自然解凍すると水滴がつき傷みも心配に。冷蔵室で解凍し、半解凍で食べる直前にレンジ解凍しても。

油分の多いおかずのレンジ温めは

レンジ解凍してそのままレンジで温める場合、油が多いおかずは高温になり、冷凍用保存袋が破れる可能性が。かならず耐熱性の器に移して温めを。

この本の使い方

レシピページにも作りおき上手になるコツがいっぱいです。

● 保存&解凍アイコン

冷蔵
冷蔵保存期間の目安です。

冷凍
冷凍保存期間の目安です。

解凍
電子レンジ解凍などおすすめの解凍法。トースターとあれば、解凍後にトースターで軽く加熱を。

● 作りおきのヒミツ
主役の野菜をよりおいしく、保存しやすく調理する秘訣をアドバイス。作る前にチェックしておきましょう。

● 野菜インデックス
目的の野菜をさっと探せます。おかず1品で使いきる野菜分量、新鮮な野菜の見分け方もわかります。

● 作りおきテク
切り方や加熱具合など、野菜ごとの調理ワザをまとめてチェックできます。

[Part 1]

● ここが大事
メインおかずは作り方に沿って、作りおきの調理ポイントを写真で解説。どの部分を指すかが黄色マーカーで確認できます。

● ちょい足しアレンジ
簡単にできるメインおかずの味つけや食べ方のアレンジテクを紹介。

● 冷凍・解凍・温め方法
メインおかずはおすすめの冷凍保存方法や解凍方法も紹介。

[Part 2・3]

● ここがヒミツ
各おかずの調理や味つけのワンポイントです。

● 調理時間アイコン

調理時間の目安です。

この本の決まりごと

◆ 大さじ1は15㎖、小さじ1は5㎖、1カップは200㎖です。
◆ 調理時間は目安です。下ゆでの湯沸かし、しばらくおく、調味料に漬け込むなどの時間は除きます。
◆ 野菜は水洗いし、作り方に表示がなければ適宜、皮をむき、種やへたを除いて調理してください。
◆ 野菜の下ゆでは、鍋にたっぷりの湯を沸かし、塩少々(分量外)を入れてゆでてください。
◆ 電子レンジの加熱時間は600Wを基準にしています。500Wの場合は1.2倍の加熱時間を目安にしてください。
◆ オーブントースターは機種により加熱具合が違うため、様子を見ながら加熱してください。
◆ 表示の冷蔵、冷凍の保存期間は目安です。季節やご家庭の保存状態などで傷み方は変わるため、食べる前に状態をよく確認してください。

Part 1

＼断然おすすめ！／
作りおきにぴったりの
野菜メインおかず

ハンバーグやカレーなど、野菜たっぷりの
人気メニューがずらり！すべて冷凍できるので
定番にして夕食からお弁当まで役立てて。

冷凍OKで
夕食に大活躍！

根菜たっぷり！香りのいいソースごと冷凍できて便利

根菜ハンバーグ

冷蔵 3〜4日 ｜ 冷凍 3週間 ｜ レンジ解凍 ｜ 25分

作りおきのヒミツ

焼いてからソースで煮込むので、冷凍して再加熱しても、パサつかず食感がしっとり。具の根菜を細かく切り、よく練った肉だねになじませることも、ふっくらジューシーに仕上げるヒケツです。

材料（小8個分）

- 合いびき肉 …… 400g
- 玉ねぎ …… 1/4個（50g）
- れんこん …… 1/3節（60g）
- ごぼう …… 1/3本（60g）
- バター …… 大さじ1
- A
  - 卵 …… 1個
  - 生パン粉 …… 大さじ5
  - 塩 …… 小さじ1/4
  - こしょう・ナツメグ …… 各少々

[ソース]
- 赤ワイン …… 1/4カップ
- B
  - カットトマト缶 …… 1/2缶（200g）
  - デミグラスソース（市販）・水 …… 各1/4カップ
  - バター …… 小さじ2
  - ローリエ …… 1枚
  - こしょう …… 少々
- サラダ油 …… 小さじ2

作り方

1 具の野菜を切る
玉ねぎ、れんこんはみじん切りにする。ごぼうは短めのささがきにし、1分ほど水にさらして水けをきる。

ここが大事
根菜は細かく切って。肉だねとよくなじんで、焼いたときに割れにくくなる。

2 野菜を炒める
フライパンを中火で熱してバターを溶かし、玉ねぎを入れて炒める。しんなりしたらごぼう、れんこんを炒め合わせ、さましておく。

3 肉だねを作る
ボウルにひき肉、**A**を入れ、粘りが出るまでよく練り、**2**を混ぜ合わせる。8等分して手のひらにたたきつけて空気を抜き、丸く平らにまとめ、中央を指でくぼませる。

ここが大事
サイズは小さめに。より早く冷えて凍るほうが、おいしく保てる。空気を抜くと焼くときにひび割れない。

4 表面を焼き固める
フライパンにサラダ油を中火で熱し、**3**を並べ入れる。焼き色がついたら裏返し、両面をこんがり焼く。フライパンが小さめの場合は、2回に分けて焼いて。

5 ソースと合わせて煮る
4に赤ワインを加え、煮立ったら**B**を加える。再び煮立ったら、ふたをして弱火で10分ほど煮込む。

ここが大事
風味のいいソースで煮ることもポイント。焼き固めてあるので、まとめて煮込んでOK。

❄ 冷凍保存はこうして！ ❄
小さめの冷凍用保存袋に1人分ずつがおすすめ。さましたハンバーグをソースとともに重ならないよう並べ入れ、空気を抜いて密閉（→P.16）を。お弁当用などは、袋の上から手で1個ずつ間隔をあけて冷凍すると取り出しやすい。

❄ おすすめの解凍＆温め ❄
解凍は電子レンジで。そのままレンジで温める場合は、耐熱容器に移して加熱を。

🏷 ちょい足しアレンジ

ソースを変えて和風にも！

焼いたハンバーグに、だし汁1カップ、しょうゆ大さじ1と1/2、みりん大さじ1を加えて同様に煮ればOK。仕上げに片栗粉大さじ1を倍量の水で溶いてソースに混ぜ、とろみをつけて。

コロコロ野菜で具だくさん。市販のルゥで手軽に作れます

野菜キーマカレー

| 冷蔵3〜4日 | 冷凍3週間 | レンジ解凍 | 20分 |

\ 作りおきのヒミツ /

少量の水で煮るのがポイント。水っぽくならず、野菜から出る水分を利用するのでうまみも濃厚に。市販のルゥでもヨーグルトを加えると味にぐんと深みが出ます。作りおきカレーの定番にぜひ!

材料（4人分）

合いびき肉	200g
玉ねぎ	¼個 (50g)
なす	2個 (160g)
セロリ	½本 (50g)
赤パプリカ	½個 (90g)
エリンギ	1パック (100g)
A ┌ にんにくのみじん切り	½片分
└ しょうがのみじん切り	½かけ分
ミックスビーンズ	50g
B ┌ 水	¾カップ
│ トマトケチャップ	大さじ1
│ プレーンヨーグルト	½カップ
└ ローリエ	1枚
カレールゥ（市販・固形は刻む）	60g
塩・こしょう	各少々
オリーブ油	大さじ1

ここが大事

よく炒めたい玉ねぎ以外の野菜は、ひき肉になじみつつ、煮くずれない程度の角切りに。コロコロして見た目も楽しい。

ここが大事

水っぽくならないよう、加える水は少量に。ふたをして蒸し煮すれば、野菜から水分が出て、ちゃんと全体に火が通る。

作り方

1 野菜を切る
玉ねぎはみじん切りにする。なす、セロリ、パプリカ、エリンギは、1.5cm角に切る。

2 肉と野菜を炒める
フライパンにオリーブ油を強火で熱し、玉ねぎを炒める。透き通ってきたら、ひき肉、**A**を加え、肉がぽろぽろになるまで炒める。1の残りの野菜を加えてさらに炒める。

3 ふたをして蒸し煮する
野菜がしんなりしたら、ミックスビーンズ、**B**を加えて混ぜる。ふたをして、煮立ったら弱火にし、7〜8分煮て火を止める。

4 ルゥを溶かす
カレールゥを加え、溶き混ぜる。再び中火にかけ、2〜3分煮て塩、こしょうで味をととのえる。

❄ 冷凍保存はこうして！ ❄

1食分ずつ、冷凍用保存袋で小分けに。空気を抜いて密閉（→P.16）し、平らにならして冷凍を。保存用コンテナの場合は、霜がつかないよう、カレーの表面に落としラップ（→P.16）をして。

❄ おすすめの解凍＆温め ❄

解凍は電子レンジで。そのままレンジで温める場合は、耐熱容器に移して加熱を。

● ちょい足しアレンジ

とろ〜り焼きカレードリア

温かいご飯（茶碗1杯分）に塩、こしょう各少々、バター小さじ1を混ぜ合わせ、耐熱皿へ。上に野菜キーマカレー、ピザ用チーズ各適量をのせ、真ん中に卵黄（卵1個分）を落として、オーブントースターで焼き色がつくまで焼けばOK。

冷凍しやすい野菜で。焼きそばや中華丼のあんにも！

彩り八宝菜

| 冷蔵3日 | 冷凍2週間 | レンジ解凍 | 25分 |

\作りおきのヒミツ/

八宝菜の定番の具、たけのこ、さやえんどう、うずらの卵は、冷凍すると味も色も悪くなりNG。冷凍しやすく、黄色と緑色の彩りになる野菜に替えて、野菜はかために仕上げましょう。

材料（4人分）

豚薄切り肉（ももやロース）	200g
えび	小8尾
A　塩・こしょう	各少々
酒・片栗粉	各小さじ2
白菜	4枚（400g）
長ねぎ	½本（50g）
しいたけ	3枚（60g）
にんじん	¼本（40g）
黄パプリカ	¼個（40g）
さやいんげん	4本（30g）
にんにくの薄切り	½片分
B　水	1カップ
酒	大さじ1
オイスターソース	小さじ1
しょうゆ	小さじ2
塩	小さじ⅓
こしょう	少々
片栗粉	大さじ1と½
サラダ油	大さじ2
ごま油	小さじ1

※ 冷凍保存はこうして！ ※

1食分ずつ、冷凍用保存袋で小分けに。空気を抜いて密閉（→P.16）し、平らにならして冷凍を。保存用コンテナの場合は、霜がつかないよう、八宝菜の表面に落としラップ（→P.16）をして。

※ おすすめの解凍＆温め ※

解凍は電子レンジで。そのままレンジで温める場合は、耐熱容器に移して加熱を。

作り方

ここが大事
冷凍NGのゆでたけのこは黄パプリカ、さやえんどうはいんげんに替えて彩りよく。いんげんは豆らしく短く切って。

ここが大事
冷凍すると野菜がくたっとするので、白菜がパリパリのうちに手早く炒め、煮汁を加えて。

ここが大事
とろみをつけると、水っぽくなりにくいメリットも。大きく混ぜて全体にとろみをつけて。

1 肉とえびに下味をつける
豚肉はひと口大に切る。えびは背わたを除き、殻をむく。それぞれにAを半量ずつふり、軽く混ぜる。

2 野菜を切る
白菜は軸と葉に分け、軸は大きくそぎ切りに、葉はざく切りにする。ねぎは2㎝長さの斜め切りに、しいたけは縦4枚にそぎ切りし、にんじんは1㎝幅の短冊切りにする。パプリカは乱切りに、さやいんげんは2㎝長さに切る。

3 具を炒める
フライパンにサラダ油を強火で熱し、豚肉とにんにくを炒める。肉の色が変わったら、ねぎ、白菜の軸、しいたけ、にんじんを順に入れて炒め、全体に油がまわったら、いんげん、パプリカ、白菜の葉、えびを加えて手早く炒め合わせる。

4 煮汁にとろみをつける
油がまわったらBを加えて混ぜ、煮立ったら、片栗粉を水大さじ3（分量外）で溶いて回し入れ、さっと混ぜてとろみをつける。ひと煮立ちさせ、仕上げにごま油を回し入れる。

ちょい足しアレンジ
香りのいいカレー風味に

材料のBの煮汁にカレー粉小さじ½を加え、同様に仕上げるとスパイシーなカレー風味に。とろみをつけてから再加熱時に加えてもOK！　ご飯やうどんなどにかけるとおいしい。

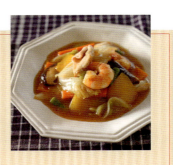

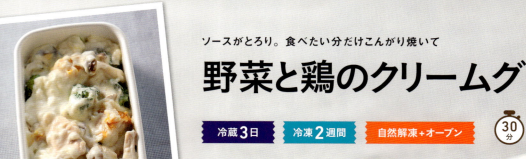

ソースがとろり。食べたい分だけこんがり焼いて

野菜と鶏のクリームグラタン

| 冷蔵3日 | 冷凍2週間 | 自然解凍+オーブン | 30分 |

\作りおきのヒミツ/

冷凍しやすい、かぼちゃやきのこで野菜ゴロゴロに。グラタンはホワイトソースも決め手。意外と簡単に作れ、市販品よりあっさり、風味が新鮮！冷凍もできるので、多めに作っておくと便利ですよ。

材料（4人分）

- ブロッコリー ……… 小½株 (100g)
- かぼちゃ ……… ¼個 (300g)
- しめじ ……… 1パック (100g)
- 鶏胸肉 ……… 1枚 (200g)

[ホワイトソース]
- 玉ねぎのみじん切り ……… ½個分 (100g)
- バター ……… 大さじ3
- 小麦粉 ……… 大さじ6
- 牛乳 ……… 4カップ
- A
  - 塩 ……… 小さじ½
  - こしょう ……… 少々
  - ローリエ ……… 1枚
- 塩・こしょう ……… 各適量
- 粉チーズ ……… 大さじ1〜2
- オリーブ油 ……… 小さじ2

作り方

1 野菜をレンジ加熱する
ブロッコリーは小房に分け、ラップに包んで電子レンジ（600W）で1分加熱する。かぼちゃは種とわたを除いて4つ割りにし、ラップに包んで電子レンジで3分、上下を返してさらに3分加熱し、取り出してざっくり割りほぐす。

2 しめじと肉を炒める
しめじは小房に分ける。鶏肉は薄切りにし、塩、こしょうをふる。フライパンにオリーブ油を中火で熱して鶏肉を炒め、焼き色をつける。火が通ったら、しめじを加えて炒め合わせる。

ここが大事
冷凍できるホワイトソースなので、多めに作っておくと便利。冷凍3週間保存可。

3 ホワイトソースを作る
鍋にバターを中火で熱し、玉ねぎを炒める。透明になったら小麦粉を加え、弱火で焦がさないよう炒め、全体になじませる。火からはずして牛乳を混ぜ、小麦粉を溶かす。Aを加え再び中火にかけ、ときどき混ぜながらとろみがつくまで煮る。

ここが大事
保存して冷えたグラタンは、オーブンで焼くほうが中まで熱が入り、大皿でも小皿に分けてもおいしく焼ける。

4 グラタン皿に入れる
3をボウルに入れ、1、2を混ぜ合わせ、塩、こしょうで調味する。耐熱容器（冷凍はアルミ容器など）に入れて保存し、食べるときに粉チーズをかけ、200℃に熱したオーブンで10分ほどこんがり焼く。

❄ **冷凍保存はこうして！** ❄

アルミ容器に入れて冷凍すると、そのまま焼けてラク。お弁当用はカップに小分けに。表面に霜がつかないよう、落としラップ（→P.16）をして冷凍を。

❄ **おすすめの解凍＆温め** ❄

アルミ容器はレンジ解凍不可。冷蔵室で自然解凍して、オーブンで焼いて。お弁当用など少量であれば、オーブントースターで7〜8分焼く。

● **ちょい足しアレンジ**

マカロニを入れて主食に
ボリュームが出て、食べごたえもアップ。マカロニ1人分50gを袋の表示どおりゆで、焼く前の野菜と鶏のグラタンに混ぜて耐熱皿に入れ、粉チーズをたっぷりかけて同様に焼いて。

揚げ焼きなら気軽！少ない油でカリッと香ばしく

野菜たっぷり焼きコロッケ

| 冷蔵3日 | 冷凍2週間 | レンジ解凍+トースター |

 30分

\作りおきのヒミツ/

じゃがいもは、ゆでてつぶせば冷凍可。粉ふきいものように水けをとばし、熱いうちにつぶすと、ホクッとしたおいしさを保てます。フライパンひとつの揚げ焼きコロッケで、冷凍おかずの定番に。

材料（小12個分）

じゃがいも	4個(600g)
玉ねぎ	¼個(50g)
キャベツ	2枚(120g)
アスパラガス	4本(100g)
ハム	4枚
ホールコーン	60g
バター	大さじ2
塩	小さじ½
こしょう	少々
小麦粉・パン粉	各適量
溶き卵	1個分
サラダ油	適量

❄ 冷凍保存はこうして！ ❄

余分な油をきってさまし、1個ずつラップに包んで冷凍用保存袋へ。ラップに包むと霜がつきにくく、そのままレンジ解凍できてお弁当にも便利。

❄ おすすめの解凍＆温め ❄

レンジ解凍後、オーブントースターで軽く焼くと、パン粉のカリカリ感が出る。

作り方

ここが大事

さめてからつぶすと粘りが出るので、ホクホクの熱いうちにしっかりつぶすことが大切。

1 じゃがいもをつぶす

じゃがいもは皮をむいて大きめのひと口大に切り、水にさらす。鍋にかぶるくらいの水とともに入れて火にかけ、煮立ったら弱火にし15分ゆでる。竹串が通るようになったら湯を捨て、中火にかけて水けをとばし、熱いうちにつぶす。

ここが大事

具の野菜は小さめに切り、じゃがいもによくなじませて。

2 具の野菜を切る

玉ねぎはみじん切りに、キャベツ、ハムは1cm角に切る。アスパラガスは根元のかたい部分を落とし、1cm長さに切る。

3 たねを混ぜる

フライパンを強火で熱してバターを溶かし、玉ねぎを炒める。しんなりしたらキャベツ、アスパラガス、ハム、コーンを炒め合わせ、塩、こしょうをふって火を止める。1と混ぜ合わせ、塩、こしょう各少々（分量外）で味をととのえ、さます。

ここが大事

表面がカリッとすればOK。スプーンなどで油をコロッケ全体にかけながら焼いて。

4 ころもをつける

3を12等分して丸く平らにまとめる。小麦粉、卵、パン粉の順にころもをつける。

5 フライパンで焼く

フライパンにサラダ油を底から1〜2cm入れて中火で熱し、4を半量ずつ、油をかけながら両面をこんがり焼き、油をきる。

● ちょい足しアレンジ

タルタル風ソースがけに

ゆで卵のみじん切り½個分、玉ねぎのみじん切り大さじ1、マヨネーズ大さじ4、砂糖ひとつまみ、こしょう少々を混ぜるだけ。ピクルス½本のみじん切りを加えると、より本格風味に。

まるごとがコツ。肉だねのうまみもよくしみます

ピーマンの肉詰め 甘辛煮

| 冷蔵3～4日 | 冷凍3週間 | レンジ解凍 | 25分 |

\ 作りおきのヒミツ /

ピーマン「まるごと」が一番のポイント！半分に切るよりも水けが出にくく、冷凍して肉だねがはがれる心配もナシ。焼くよりも煮るほうが保存でうまみもしみて、おいしく作りおきできますよ。

材料（8個分）

ピーマン	8個 (280g)
豚ひき肉	300g
えのきだけ	1/3パック (60g)
長ねぎ	1/4本 (25g)
片栗粉	適量
A［塩	小さじ1/4
こしょう	少々
酒］	小さじ2
B［だし汁	1カップ
酒・砂糖	各大さじ1
しょうゆ］	大さじ1と1/2

作り方

ここが大事
へたの芯を指でつまみ、くるりとひねると種が抜き取れる。袋が破けないようていねいに。

1 ピーマンの種を抜く
ピーマンはへたの少し下を切り、ふたと実の袋に分ける。へたと種を抜き取り、袋の内側に薄く片栗粉をふり入れ、ふたの内側にも片栗粉をまぶす。

2 具材を切る
えのきは根元を切り落とし、1cm長さに切る。ねぎはみじん切りにする。

ここが大事
袋の中にすき間があると、冷凍の霜がつきやすい。よく練った肉だねを押し込みながら、口までみっしりと詰めて。

3 肉だねを詰める
ボウルにひき肉、**A**を入れ、粘りが出るまでよく練り混ぜる。**2**を加えてさらに混ぜ、8等分して**1**のピーマンの袋に詰める。ふたをかぶせ、袋と離れないよう、楊枝2本でとめる。

4 煮る
小さめの鍋（直径約18cm）に**3**を並べ入れ、**B**を加える。ふたをして強火にかけ、煮立ったら弱火にして10分ほど煮る。粗熱がとれたら楊枝をはずす。

❄ 冷凍保存はこうして！ ❄
冷凍用保存袋に2個ずつ、ピーマンのふたを向き合わせて横並びにし、煮汁を加えて。そのまま空気抜き密閉（→P.16）をして冷凍すれば、ふたがずれず形よく解凍できる。

❄ おすすめの解凍＆温め ❄
解凍は電子レンジで。そのままレンジで温める場合は、耐熱容器に移して加熱を。

● **ちょい足しアレンジ**

ひとふりで韓国風！
温めた後、白すりごま、ごま油、粉唐辛子または一味唐辛子を各少々ふるだけで、ごまの香りがきいたピリ辛の韓国風味に。一味唐辛子は粉唐辛子より辛みが強いので、量を加減して。

色鮮やかでコクの深い、本格風味にご飯がすすむ！

麻婆なす

冷蔵3日 ／ 冷凍2週間 ／ レンジ解凍 ／ 15分

\ 作りおきのヒミツ /

なすは素揚げするとコクが増し、紫色が鮮やかになり保存中の変色が防げます。少ない油の揚げ焼きでも十分なので、ひと手間かけて。中華調味料があれば、あとは炒め合わせるだけと簡単。

材料（4人分）

なす	5個（400g）
豚ひき肉	150g
にんにく	½片
しょうが	½かけ
長ねぎ	½本（50g）
豆板醤	小さじ½
甜麺醤（テンメンジャン）	小さじ1
しょうゆ	大さじ1
A 水	¾カップ
A 酒	大さじ1
A 鶏がらスープの素	小さじ½
片栗粉	大さじ1と½
ごま油・酢	各小さじ1
サラダ油	適量

ここが大事

主役のなすは大きく切って。保存して少くたっとしても、しっかり食べごたえが。

ここが大事

なすを揚げ焼きにするひと手間で、コクが出て紫色が鮮やかに。表面がきつね色になり、周囲がカリッとすればOK。

作り方

1 野菜を切る
なすは大きめの乱切りにする。にんにく、しょうが、ねぎは、みじん切りにする。

2 なすを揚げ焼きにする
フライパンにサラダ油を底から1cmほど入れて中火で熱し、なすをこんがり揚げ焼きして取り出す。

3 肉を炒める
2のフライパンの油を器にあけ、小さじ2を戻し入れて強火で熱する。ひき肉を入れて炒め、ぽろぽろになったらにんにく、しょうがを加えてさらに炒める。香りが出たら豆板醤、甜麺醤、しょうゆを順に加え、そのつど混ぜる。

4 なすを戻す
ねぎ、Aを加えて強火で煮立て、2のなすを戻し入れる。再び煮立ったら、片栗粉を水大さじ3（分量外）で溶いて回し入れ、とろみをつける。仕上げにごま油、酢を加え、さっと炒め合わせる。

❄ 冷凍保存はこうして！ ❄

1食分ずつ、冷凍用保存袋で小分けに。空気を抜いて密閉（→P.16）し、平らにならして冷凍を。保存用コンテナの場合は、霜がつかないよう、表面に落としラップ（→P.16）を。

❄ おすすめの解凍＆温め ❄

解凍は電子レンジで。そのままレンジで温める場合は、耐熱容器に移して加熱を。

ちょい足しアレンジ

トマト入りもお試しを！

なすを1個減らし、なすを戻して炒めるとき（作り方4）に、乱切りにしたトマト1個を加えてみて。彩りもよく、トマトの酸味でさっぱりとした風味に。スタンダードな麻婆なすとひと味違うおいしさが！

ごろっと大きく。野菜のうまみがしっかり味わえます

ラタトゥイユ

冷蔵 **3～4日** | 冷凍 **2週間** | レンジ解凍 | **20分**

\ 作りおきのヒミツ /

野菜をトロリと煮込むのが本来ですが、冷凍するなら、煮くずさないよう加熱時間を短めに。形が残る程度に煮ておけば、解凍時にくたっとほどよいやわらかさに。味もしみて、おいしく味わえます。

材料（4人分）

玉ねぎ	½個 (100g)
赤パプリカ	1個 (180g)
セロリ	1本 (100g)
ズッキーニ	1本 (180g)
なす	2個 (160g)
にんにくのみじん切り	½片分
A カットトマト缶	150g
A バジル・タイム（生または乾燥）	各少々
A ローリエ	1枚
A 塩	小さじ⅔
A こしょう	少々
塩・こしょう	各少々
オリーブ油	大さじ2

ここが大事
野菜は煮くずれないよう、1.5〜2cm大を目安に、大きくざっくりと切って。

作り方

1 野菜を切る
玉ねぎ、パプリカは大きめのひと口大に切り、セロリは2cm長さに切る。ズッキーニは縦半分に切ってから2cm厚さに切り、なすは1.5cm厚さの輪切りにする。

2 野菜を炒める
鍋にオリーブ油、にんにくを入れて中火にかけ、香りが出たら玉ねぎを入れて炒める。しんなりしたら、なす、セロリ、ズッキーニ、パプリカの順に加えて、そのつど炒め合わせる。

ここが大事
冷凍用は形が残る程度に、2〜3分早めに火を止め取り出して。汁けをとばすと、うまみが濃縮されてコクが出る。

3 煮込む
野菜がこんがりしたら、Aを加えて混ぜる。ふたをして煮立ったら弱火にし、10分ほど煮る。ふたを取って汁けをとばし、塩、こしょうで味をととのえる。

❄ 冷凍保存はこうして！ ❄

1食分ずつ、冷凍用保存袋で小分けに。空気を抜いて密閉（→P.16）し、なるべく具が重ならないよう、平らにならして冷凍を。保存用コンテナの場合は、霜がつかないよう、表面に落としラップ（→P.16）を。

❄ おすすめの解凍＆温め ❄

解凍は電子レンジで。そのままレンジで温める場合は、耐熱容器に移して加熱を。

ちょい足しアレンジ
とろ〜りピザトーストで

厚切りの食パンにラタトゥイユ（冷凍はレンジ解凍後）をのせ、ピザ用チーズ適量を散らしてオーブントースターでこんがり焼くだけ。具が大きいので、ざく切りにしてのせると食べやすい。

冷凍しやすい根菜を主役にした、筑前煮風

根菜と鶏の炒め煮

`冷蔵3〜4日` `冷凍2週間` `レンジ解凍` 20分

＼作りおきのヒミツ／

野菜おかずの定番、筑前煮もひと工夫。こんにゃくや絹さやなど冷凍に不向きな具材は除き、炒め煮でかために。保存で味がしみ込むので、うまみだしになる干ししいたけを加えることもポイントです。

材料（4人分）

ごぼう	1本（200g）
れんこん	1節（180g）
にんじん	½本（75g）
干ししいたけ（水でもどす）	4枚
鶏もも肉	大1枚（250g）
A　だし汁	¾カップ
酒	大さじ1
砂糖	大さじ1と½
しょうゆ	大さじ2
ごま油	大さじ1

ここが大事

とくに冷凍する場合、根菜は大きめに切って。にんじんはあまり大きく切ると解凍時にスカスカになるので、ほかの野菜より小さめに。

ここが大事

保存で野菜がやわらかくなるので、かために煮る。とくに冷凍用は、2〜3分早めに火を止め取り出して。

作り方

1 具材を切る

ごぼう、れんこんは乱切りにし、1分ほど水にさらして水けをきる。にんじんは小さめの乱切りにする。しいたけは半分か大きければ4つに切る。鶏肉はひと口大に切る。

2 炒める

鍋にごま油を強火で熱し、鶏肉を炒める。色が変わったら、ごぼう、れんこんを加えて炒め合わせ、油がまわったら、にんじん、しいたけを加えてさらに炒める。

3 煮る

Aを加えてひと混ぜし、ふたをして中火で10分ほど煮る。ふたを取って火を強め、煮汁をからめるように混ぜ、汁けをとばす。

❄ 冷凍保存はこうして！ ❄

1食分ずつ、冷凍用保存袋で小分けに。空気を抜いて密閉（→P.16）し、なるべく具が重ならないよう、平らにならして冷凍を。保存用コンテナの場合は、霜がつかないよう、表面に落としラップ（→P.16）を。

❄ おすすめの解凍&温め ❄

解凍は電子レンジで。そのままレンジで温める場合は、耐熱容器に移して加熱を。

ちょい足しアレンジ

いり豆腐に大変身！

水きりした豆腐1丁をフライパンに入れ中火でいり、ざく切りした炒め煮2人分の具と煮汁大さじ1、しょうゆ小さじ1、砂糖小さじ½、塩少々を加えて炒めて。溶き卵1個分を混ぜて完成。

保存してもなめらか。ゆでたてパスタとあえるだけ！

きのこと鮭のクリームソース

| 冷蔵3日 | 冷凍3週間 | 自然解凍 | 20分 |

\作りおきのヒミツ/

きのこ、鮭はどちらも冷凍に強く、作りおきパスタソースの具材にぴったり。生クリームと煮て、小麦粉でとろみをつけるだけ。簡単に作れて冷凍しておくと、サッとごちそうパスタが味わえます。

材料（4人分）

しめじ	2パック (200g)
マッシュルーム	6個
エリンギ	1パック (100g)
鮭（甘塩）	3切れ
にんにくのみじん切り	¼片分
白ワイン	大さじ1
A ┌ 生クリーム	1カップ
├ トマトペースト	小さじ2
│ （またはカットトマト缶 100g）	
└ 水	½カップ
塩・こしょう	各適量
バター・小麦粉（耐熱容器に合わせておく）	各小さじ2
オリーブ油	大さじ1

作り方

1 具材を切る
しめじは小房に分け、マッシュルームは縦3等分に切る。エリンギは半分の長さに切り、かさ側は縦4つ割りに、下の軸は輪切りにする。鮭は皮と骨を除き、ひと口大に切ってこしょう少々をふる。

ここが大事
きのこは好みの種類でOK。冷凍に強くても解凍時にくたっとするので、大きめに切ってさっと炒め、香りを出して。

2 炒める
フライパンにオリーブ油、にんにくを入れて中火にかけ、香りが出たら強火にし、1のきのこを炒める。油がまわったら鮭を加え、ほぐしながら炒める。

3 生クリームと煮る
鮭に火が通ったら白ワインを加えて煮立て、**A**を加える。再び煮立ったら、塩、こしょうで調味し、いったん火を止める。

ここが大事
生クリームもソースにすれば冷凍OK。バターと小麦粉で、風味と軽くとろみをつけて。

4 バターと小麦粉を溶く
耐熱容器に合わせたバター、小麦粉をラップなしで電子レンジ（600W）で20秒加熱し、3の煮汁少々を加えて溶き混ぜる。

5 とろみをつける
3を再び中火にかけ、4を加えて全体を混ぜ、とろみをつける。食べるときは温めてから、ゆでたパスタにかけて。

❄ 冷凍保存はこうして！ ❄

1食分ずつ、冷凍用保存袋で小分けに。こぼれないように気をつけながら、空気を抜いて密閉（→P.16）し、平らにならして冷凍を。

❄ おすすめの解凍＆温め ❄

冷蔵室で自然解凍を。電子レンジ解凍はクリームが分離する場合があるので注意して。解凍後の温めは、耐熱容器に移せばレンジでも可。または小鍋で温めて。

ちょい足しアレンジ
ご飯と煮ればリゾットに

1人分で鍋に水½カップを煮立て、ご飯を茶碗軽く1杯分(150g)とソース1人分を加えて煮て、粉チーズ大さじ1、塩、こしょう各少々で味つけ。器に盛り、好みで粉チーズをふって。

あると助かる！❶

主食 + 野菜 で 冷凍ごはんメニュー
＼ランチやお弁当にも！／

野菜を炒め一度取り出すとパリッとします

中華めん

冷凍3週間 / レンジ解凍 / 20分

合わせソースで風味がぐんとアップ
ソース焼きそば

材料（4人分）

焼きそば用蒸しめん……3玉	豚薄切り肉（ももやロース）…200g
キャベツ……2枚	塩・こしょう……各適量
玉ねぎ……½個(100g)	A［ウスターソース……大さじ4
にんじん……¼本(40g)	中濃ソース……大さじ1］
ピーマン……2個(80g)	サラダ油……大さじ2

1 めんは袋のまま電子レンジ（600W）で3分加熱して軽くもみほぐす。

2 キャベツはひと口大に切り、玉ねぎは1cm幅のくし形切り、にんじんは太めのせん切り、ピーマンは縦に乱切りにする。豚肉はひと口大に切り、塩、こしょう各少々をふる。

3 フライパンにサラダ油大さじ1を入れて強火で熱し、豚肉を炒める。色が変わったら、玉ねぎ、キャベツ、にんじん、ピーマンを順に炒め合わせ、塩、こしょう各少々をふって取り出す。

4 フライパンに残りの油を入れ、強火でめんをほぐしながら炒める。油がまわったらAを加えて混ぜ、3を戻し入れてさっと炒め合わせる。

おいしく冷凍するコツ

小さめの保存容器に山盛りに

すき間があると霜がつき、解凍時にべちゃっとしがち。中華めんは縮れがあるので、小さめの容器にやや山盛りに詰め、ふたをギュッと押して密閉を。冷凍もレンジ加熱もできる保存容器に詰め、レンジ解凍後に温めて。

食材編　中華めんの冷凍方法

1食分の小袋のまま、冷凍用保存袋に入れて冷凍を。焼きそば用蒸しめんもラーメンの生めんもレンジ解凍してほぐし、加熱調理を。

ひと皿でごはんになる、みんな大好きな定番メニュー。
冷凍しておくと、いざというときに心強い！
素材のめんやご飯の上手な冷凍法もご紹介します。

> 野菜はあえて
> ねぎのみで
> 保存しやすく！

ご飯

冷凍3週間 | レンジ解凍 | 15分

卵でご飯をコーティングしてパラパラに！

卵とねぎの
シンプル炒飯

材料（4人分）

温かいご飯	茶碗4杯分（600g）
長ねぎ	½本（50g）
ハム	5枚
卵	3個
塩・こしょう	各少々

A
酒	大さじ1
しょうゆ	小さじ2
オイスターソース・ごま油	各小さじ1
塩	小さじ⅔
こしょう	少々

サラダ油　大さじ2

1 ねぎは粗みじん切りにする。ハムは1cm四方に切る。卵は溶きほぐし、塩、こしょうを混ぜる。

2 フライパンにサラダ油を強火で熱し、卵液を流し入れる。固まり始めたら卵の上にご飯をのせ、木べらでほぐしながら、パラパラになるまでよく炒める。

3 ハム、ねぎを加えてさらに炒め、**A**を加えて全体になじむように炒め合わせる。

おいしく冷凍するコツ

小分け冷凍して器に移して温め

粗熱がとれたら、ラップに1食分ずつ包むのがおすすめ。ラップに薄く平らに広げ、つぶさないようにぴったりと包んで。さめたら冷凍保存袋に入れて冷凍し、ラップのままレンジ解凍して器に移してから温めを。油分があるので、ラップのまま加熱すると破れやすいので注意。

食材編　白いご飯の冷凍方法

ご飯の場合は、炊きたての熱いうちにラップに包むことが肝心。水分がキープされ、レンジの解凍、温めで炊きたてのおいしさがよみがえります。早く凍るよう、なるべく小さく薄く包み、さましてから冷凍用保存袋に入れ、空気を抜いて密閉して冷凍を。

> 冷凍にも強い
> きのこを
> 具の主役に！

パスタ

冷凍3週間 ／ レンジ解凍 ／ 20分

みんな大好き、定番のケチャップ味
きのこのナポリタン

材料（4人分）

スパゲッティ(乾燥)……300g	にんにくの薄切り……½片分
玉ねぎ……½個(100g)	バター……大さじ2
しめじ・エリンギ……各1パック(各100g)	トマトケチャップ……¾カップ
ソーセージ……8本	塩・こしょう……各少々
	サラダ油……大さじ1

1 鍋に湯を沸かして塩（湯に対して1％、分量外）を入れ、スパゲッティを袋の表示どおりにゆでる。ゆであがったら、ざるにあげる。

2 玉ねぎは薄切りに、しめじは小房に分ける。エリンギは長さを3等分し、かさは縦4つ割り、残りの軸は輪切りにする。ソーセージは斜め切りにする。

3 フライパンにサラダ油を強火で熱し、ソーセージ、玉ねぎ、しめじ、エリンギを入れて炒める。火が通ったら塩、こしょうをふって取り出す。

4 フライパンを再び中火にかけ、バターを溶かす。にんにくを入れて炒め、ケチャップを加えて混ぜる。湯をきったスパゲッティ、3を戻し入れ、全体を混ぜてソースをなじませる。

おいしく冷凍するコツ

落としラップで表面の霜をガード

保存容器に詰めたとき、ふた下にすき間があると表面が冷凍の霜で真っ白に。具が大きいと凸凹のすき間もできやすいので、表面にラップをかけ、落としぶたのように密着させて。ラップ1枚で霜で水っぽくなるのを防げます。

食材編 ゆでたパスタの冷凍方法

熱いうちにオリーブ油（またはサラダ油）を少量かけて混ぜると、くっつかず解凍時もほぐしやすくなります。長いパスタは半分に折ってゆでると、よりほぐしやすくおすすめ。さまして冷凍用保存袋で小分け冷凍し、レンジ解凍後、炒めるか熱湯で湯通しを。

Part 2

\冷凍もおまかせ!/
おなじみ野菜で作りおき

気軽に使えて冷凍もしやすい
作りおきの定番におすすめの野菜10種をピックアップ!
市販の1パック相当を1品で使いきれます。

1品でラクラク使いきり!

玉ねぎ

1品の使いきり分量
2〜3個（1個約200g）

鮮度の見分け方
皮がパリッとしてツヤがあり、ずっしりと重くかたく締まったもの。

\ 作りおきのヒミツ /

大きめに切って水けを防いで。玉ねぎは加熱することで甘みが出ます。とくに煮ものは煮くずれないよう大きく切って、おいしさを引き出しましょう。

作りおきテク

☑ **水が出にくいよう、大きめ、太めに切る。**
ふつうはみじん切りにするおかずも角切りに。

☑ **煮ものはしっかり煮て甘みを出す。**
ただし煮すぎると、冷凍して解凍したときに形がなくなってしまう。トロッとしてきたら火を止めて。

☑ **マリネも生でなく、さっと炒めて！**
傷みを防ぎ、さっとかために炒めれば食感も残る。

\ ここがヒミツ /
ごろっと大きく切れば煮くずれない！

冷蔵**4〜5日** 冷凍**2週間** レンジ解凍 18分

とろりと甘く。じゃこからいいだしが出ます

玉ねぎとじゃこの煮もの

材料（4人分）

玉ねぎ	3個（600g）
ちりめんじゃこ	大さじ4
A ┌ だし汁	1と½カップ
├ みりん	大さじ1
├ しょうゆ	大さじ1
└ 塩	少々

1 玉ねぎは縦4等分に切る。じゃこはざるに入れて熱湯を回しかけ、水けをきる。

2 鍋に**A**と**1**を入れ、中火にかけてふたをする。煮立ったら弱火にし、玉ねぎがやわらかくなるまで10〜15分ほど煮る。

\ ここがヒミツ /
仕上げに汁けをとばすとうまみも濃厚に

\ ここがヒミツ /
さっと炒めると辛みもやわらかに

冷蔵4〜5日　冷凍2週間　レンジ解凍　15分

おすすめは鶏そぼろ。ご飯にのせてもおいしい

玉ねぎのそぼろ煮

材料（4人分）

玉ねぎ……2個（400g）	┌ しょうゆ……大さじ2
鶏ひき肉……150g	│ 酒……大さじ1
	A 砂糖……小さじ2
	└ 水……½カップ
ごま油……小さじ1	

1 玉ねぎは1.5cm角に切る。
2 フライパンにごま油を中火で熱し、ひき肉を炒める。色が変わったら玉ねぎを加えて炒める。玉ねぎが透き通ってきた**A**を加え、ときどき混ぜながら、汁けがなくなるまで煮る。

冷蔵3〜4日　冷凍2週間　レンジまたは自然解凍　10分

レモンでさっぱり。時間とともに味がしみ込みます

炒め玉ねぎと
サーモンのマリネ

材料（4人分）

玉ねぎ……3個（600g）	┌ オリーブ油……大さじ1と½
スモークサーモン	│ ローリエ……1枚
……5〜6枚（80g）	**A** 酢……小さじ2
レモンの輪切り……4枚	└ 塩……小さじ⅓
塩・こしょう……各少々	オリーブ油……小さじ2

1 玉ねぎは細めのくし形に、サーモンはひと口大に切る。レモンは半分に切る。
2 フライパンにオリーブ油を熱し、玉ねぎを入れてさっと炒める。塩、こしょうをふり、火を止めてさます。
3 ボウルに**A**を入れて混ぜ、**2**、サーモン、レモンを加えて軽くあえ、15分以上おく。

\ ここがヒミツ /
大きなくし形に切ると冷凍しても形がしっかり

\ ここがヒミツ /
太めに切って食感よく

| 冷蔵3～4日 | 冷凍2週間 | レンジ解凍 | 10分 |

しっかり味で玉ねぎがメインおかず級に

玉ねぎと桜えびのチリソース炒め

材料（4人分）

玉ねぎ……………3個 (600g)
桜えび……………大さじ3
にんにくのみじん切り
　……………………½片分
しょうがのみじん切り…½かけ分
豆板醤……………小さじ½

A ┌ トマトケチャップ……大さじ2
　│ 酒………………大さじ1
　│ 砂糖・しょうゆ・酢
　└ ……………………各小さじ1
ごま油……………大さじ1と½

1 玉ねぎはくし形に切り、ほぐす。桜えびは粗く刻む。
2 フライパンにごま油を中火で熱し、玉ねぎを入れて炒める。透き通ってきたらにんにく、しょうが、桜えびを加え、香りが出るまで炒める。豆板醤を加えて炒め、Aを炒め合わせる。

| 冷蔵3～4日 | 冷凍2週間 | レンジ解凍 | 10分 |

カレー風味でシンプルに。お弁当にもおすすめ

玉ねぎのカレー炒め

材料（4人分）

玉ねぎ……………3個 (600g)
ソーセージ………5本
A ┌ しょうゆ………大さじ1
　│ カレー粉………小さじ¾
　└ 塩、こしょう…各少々
サラダ油…………大さじ1と½

1 玉ねぎは半分に切って1.5cm幅に切り、ほぐす。ソーセージは斜め薄切りにする。
2 フライパンにサラダ油を中火で熱し、玉ねぎを入れて炒める。透き通ってきたらソーセージを加えてさらに炒め、Aを炒め合わせる。

\ ここがヒミツ /
とにかく簡単！
大きく切って
しっかり煮て

\ ここがヒミツ /
こんがり
焦がすくらいに
焼くと甘みもアップ

| 冷蔵4〜5日 | 冷凍2週間 | レンジ解凍 | 20分 |

コンソメで煮るだけ。ほっとする味わい
玉ねぎのコンソメ煮

材料（4人分）
玉ねぎ……………………………………3個(600g)
固形コンソメスープの素………………………1個
水………………………………………1と½カップ
塩・こしょう……………………………………各適量

1 玉ねぎは縦6等分に切る。
2 鍋に玉ねぎ、コンソメスープの素、水を入れてふたをし、中火にかける。煮立ったら弱火にし、やわらかくなるまで15分ほど煮て、塩、こしょうで味をととのえる。

| 冷蔵3〜4日 | 冷凍2週間 | レンジ解凍 | 15分 |

フライパンで簡単。香ばしさがたまらない
焼き玉ねぎの土佐漬け

材料（4人分）
玉ねぎ……………………………………3個(600g)
　　┌ 水……………………………………¾カップ
A│ しょうゆ・酢………………………各大さじ2
　　└ 砂糖……………………………………大さじ1
かつお節…………………………………1袋(4g)
サラダ油……………………………………小さじ2

1 耐熱容器に**A**を入れて混ぜ、ラップをかけて電子レンジ(600W)で2分加熱する。かつお節を混ぜる。
2 玉ねぎは1.5cm厚さの輪切りにする。
3 フライパンにサラダ油を中火で熱し、**2**を並べ入れる。両面にこんがりと焼き色をつけ、熱いうちに**1**に加えて混ぜる。

にんじん

1品の使いきり分量
2〜3本（1本約150g）

鮮度の見分け方
色が濃く、皮がなめらか。春夏は茎の切り口が青いものが新鮮。

\ 作りおきのヒミツ /
冷凍しやすい野菜ですが、にんじんはゴロゴロ大きく切ると解凍時にスカスカと歯ごたえがなくなります。食感を保つ切り方やゆで方が鍵に！

作りおきテク

☑ **せん切り、細切り、薄切りが歯ごたえを残すコツ。**
ゴロゴロと煮るおかずも、冷凍する場合は小さめに。

☑ **冷凍する場合、かために加熱する。**
すぐ食べる分と冷凍分は時間差加熱を（→P.13）。

☑ **あえものなどは軽く塩もみして水けを絞る。**
傷みを防いで、おいしく保存。あまり強く絞りすぎると、歯ごたえもなくなるのでやさしく。

\ ここがヒミツ /
せん切りにして下ゆでもかために。食感を保てます

冷蔵 3〜4日　冷凍 2週間　レンジ解凍　 10分

にんにくとごまの風味で箸がすすむ！
にんじんのナムル

材料（4人分）
にんじん……………………………………2本（300g）
┌ にんにくのみじん切り………………⅛片分
│ 長ねぎのみじん切り…………………3cm分
A 粉唐辛子（または一味唐辛子）………少々
│ ごま油………………………………大さじ1と½
└ 塩……………………………………小さじ⅓
白いりごま…………………………………大さじ1

1 にんじんは斜め薄切りにし、さらにせん切りにする。熱湯でかためにゆで、ざるにあげてそのまますます。

2 1の水けを絞ってボウルに入れ、Aを加えて混ぜ合わせる。ごまを指でひねりつぶしながら加えてあえる。

\ ここがヒミツ /
塩もみして水けを絞れば生で冷凍もOKに

\ ここがヒミツ /
とろりなめらかなクリーム煮は冷凍にもgood

| 冷蔵4〜5日 | 冷凍2週間 | レンジ解凍 | 10分 |

マスタードはお好みで。はちみつの甘みがふわり

にんじんラペ

材料（4人分）

にんじん……………2本（300g）
塩…………………小さじ1/3
A ┌ 酢……………………大さじ2
　├ サラダ油……………大さじ1
　├ はちみつ……………大さじ1/2
　├ マスタード…………小さじ1/2
　└ 塩・こしょう………各少々

1 にんじんは長さを半分に切り、せん切りにする。塩をふり混ぜてしばらくおき、しんなりしたらやさしく水けを絞る。

2 ボウルにAを入れて1を加えてあえる。

| 冷蔵3〜4日 | 冷凍2週間 | レンジ解凍 | 15分 |

コーンクリームの甘みでにんじん嫌いもパクリ

にんじんのコーンクリーム煮

材料（4人分）

にんじん……………3本（450g）
バター………………大さじ1
A ┌ 水……………………3/4カップ
　├ 牛乳…………………1/2カップ
　├ クリームコーン缶……100g
　├ 塩……………………小さじ1/5
　└ こしょう……………少々

1 にんじんは小さめの乱切りにする。

2 鍋にバターを入れて中火にかけ、バターが溶けたら1を加えてさっと炒める。Aを加えて混ぜ、煮立ったら弱火にして10分ほど煮る。

49

\ ここがヒミツ /
しょうゆ洗いで
水けを出して
おいしさ長持ち

\ ここがヒミツ /
保存しやすい
コロコロ輪切り。
切るのも簡単です

| 冷蔵 4〜5日 | 冷凍 2週間 | レンジ解凍 | 10分 |

酢でさっぱり。黒ごまが香りと色のアクセントに
にんじんのごま酢あえ

材料（4人分）
にんじん……………………………………2本（300g）
しょうゆ……………………………………小さじ1
A ┌ 黒すりごま…………………………………大さじ3
  │ 酢……………………………………………大さじ2
  │ 砂糖…………………………………………小さじ2
  └ 塩……………………………………………小さじ⅓

1 にんじんは3㎝長さのせん切りにする。
2 1を熱湯でかためにゆで、ざるにあげて湯をきってさます。粗熱がとれたら、ボウルに入れてしょうゆを入れてあえ、軽く汁を絞る。
3 別のボウルにAを入れて混ぜ、2を加えてあえる。

| 冷蔵 4〜5日 | 冷凍 2週間 | レンジ解凍 | 20分 |

冷凍すればハンバーグなどのつけ合わせに便利
にんじんグラッセ

材料（4人分）
にんじん……………………………………3本（450g）
A ┌ バター………………………………………20g
  │ 水……………………………………………¾カップ
  │ 固形コンソメスープの素……………………¼個
  │ 砂糖…………………………………………大さじ½
  │ 塩……………………………………………小さじ⅓
  └ こしょう……………………………………少々

1 にんじんは1.5㎝厚さの輪切りにする。
2 鍋に1を入れ、Aを加えてふたをして中火にかける。煮立ったら弱火にし、15分ほど煮る。ふたを取り、中火にして煮汁をからめながら汁けをとばす。

\ ここがヒミツ /
薄切りにすると冷凍しても食感が残せます

\ ここがヒミツ /
手軽なせん切り用スライサーを使うと味もしみやすい！

| 冷蔵4〜5日 | 冷凍2週間 | レンジ解凍 | 10分 |

ザーサイのうまみと塩けで味わい深く

にんじんのザーサイ炒め

材料（4人分）

にんじん……………………………2本(300g)
ザーサイ(味つき)………………………40g
A ┌ 酒………………………………大さじ1
  │ 塩……………………………小さじ1/3
  └ こしょう………………………………少々
ごま油……………………………………大さじ1

1 にんじんは縦半分に切り、さらに斜め薄切りにする。ザーサイは太めのせん切りにする。

2 フライパンにごま油を中火で熱し、にんじんを入れて炒める。しんなりしたらザーサイ、Aを加えてさっと炒め合わせる。

| 冷蔵3〜4日 | 冷凍2週間 | レンジ解凍 | 10分 |

卵でにんじんの甘みが立つ沖縄の家庭料理

にんじんしりしり

材料（4人分）

にんじん……………………………2本(300g)
ツナ缶………………………………小1缶(70g)
塩・こしょう…………………………各少々
しょうゆ………………………………小さじ1
卵…………………………………………2個
サラダ油……………………………………大さじ1

1 にんじんはせん切り用スライサー（なければ包丁）で、3cm長さのせん切りにする。ツナは缶汁をきり、ほぐす。卵は溶きほぐす。

2 フライパンにサラダ油を中火で熱し、にんじんを入れて炒める。しんなりしたらツナを加えて炒め、塩、こしょう、しょうゆを加えて混ぜる。卵を回し入れ、さっと炒め合わせる。

ピーマン

1品の使いきり分量
5個（約180g）

鮮度の見分け方
ツヤと張りがあり、へたがしっかりと実に張りついたものほど新鮮。

\ 作りおきのヒミツ /

意外に水分が多いピーマン。マリネやあえものにも、焼く、ゆでるのひと手間を加えて。青くささが消えて、日持ちもおいしさもアップしますよ。

作りおきテク

- ☑ **形を生かして大きい縦切りや輪切りに。**
  水けが出にくく、冷凍するとほどよいやわらかさに。

- ☑ **マリネやあえものもグリルで焼くかさっと下ゆでを。**
  火を通すことで風味も保存性もアップ。

- ☑ **焼きピーマンは皮つきのままでOK。**
  本来は手で皮をむくが、手から雑菌がついて傷むもとにも。作りおきは、皮つきのままで気軽に。

\ ここがヒミツ /
きんぴらも太めに。歯ざわりを残すよう仕上げましょう

| 冷蔵 4〜5日 | 冷凍 2週間 | レンジ解凍 | 10分 |

赤パプリカで彩りと甘みをプラス

ピーマンのきんぴら

材料（4人分）

ピーマン	5個（180g）
赤パプリカ	½個
A 酒・しょうゆ	各小さじ2
砂糖	小さじ½
塩	少々
ごま油	大さじ1

1 <u>ピーマン、パプリカは縦半分に切って種を除き、縦に乱切りにする。</u>

2 フライパンにごま油を強火で熱し、**1**を入れてしんなりするまで炒め、火を止めて**A**を加える。再び強火にかけてさっと炒め合わせ、塩で味をととのえる。

\ ここがヒミツ /
水けをとばすよう
パリパリに
炒めて

\ ここがヒミツ /
下ゆですると
青くささも
やわらぎます

冷蔵4〜5日　冷凍2週間　レンジ解凍　10分

ごまとみそがこんがり香ばしい
ピーマンの ごまみそ炒め

材料（4人分）
ピーマン……………………………5個（180g）
A「みそ・みりん…………………各大さじ1
　　白すりごま……………………大さじ½
ごま油…………………………………大さじ1

1 ピーマンは種を除き、乱切りにする。
2 フライパンにごま油を中火で熱し、1を入れて水けをとばすように炒める。パリッとしたら火を止め、Aを加えて混ぜ、再び火にかけてさっと炒め合わせる。

冷蔵3日　冷凍2週間　レンジ解凍　15分

いかの味わいも際立つさっぱりレモン風味
ピーマンといかの 中華風レモン塩マリネ

材料（4人分）
ピーマン………5個（180g）　しょうゆ………小さじ½
いか……………小1ぱい（100g）　ごま油…………大さじ1
A「レモンのいちょう切り…½個分　塩・こしょう……各適量
　　塩………………小さじ½

1 いかは内臓と軟骨をはずして皮をむく。ピーマンは種を除いて5mm厚さの輪切りにする。
2 鍋に湯を沸かし、ピーマンをさっとゆでて取り出し、さます。同じ湯でいかをさっとゆで、水にとって水けをきる。粗熱がとれたら、ピーマンはしょうゆを混ぜて軽く汁けをきる。いかは輪切りにする。
3 ボウルに混ぜ合わせたA、2、ごま油を入れてあえ、塩、こしょうで味をととのえる。

\ ここがヒミツ /
グリルで焼くと香ばしさが際立ちます

\ ここがヒミツ /
保存で味がしみてくたっとするとまたおいしい！

冷蔵3〜4日 ｜ **冷凍2週間** ｜ **レンジ解凍** ｜ 10分

こんがりピーマンが主役。緑と白の彩りもさわやか

焼きピーマンのマリネ

材料（4人分）
ピーマン	5個（180g）
玉ねぎ	¼個
オリーブ油	大さじ1と½
A ┌ 酢	大さじ½
├ 塩	小さじ⅓
└ こしょう	少々

1 ピーマンは縦半分に切って種を除き、魚焼きグリルで5〜6分、こんがり焼き色がつくまで焼く。

2 玉ねぎは薄切りにし、水にさっとさらして、ペーパータオルで水けを絞る。

3 ボウルに1、2、オリーブ油を入れて混ぜ、Aを加えてあえる。

冷蔵4〜5日 ｜ **冷凍2週間** ｜ **レンジ解凍** ｜ 12分

油揚げのうまみが溶けた煮汁がじんわり

ピーマンと油揚げの炒め煮

材料（4人分）
ピーマン	5個（180g）
油揚げ	1枚
A ┌ だし汁	½カップ
├ しょうゆ	小さじ2
└ 砂糖	小さじ1
サラダ油	大さじ½

1 ピーマンは縦半分に切って種を除き、さらに縦半分に切る。油揚げは熱湯を回しかけ、湯をきって横半分に切り、短冊切りにする。

2 鍋にサラダ油を中火で熱し、ピーマンを入れて炒める。Aと油揚げを加えて混ぜ、ふたをして煮立ったら弱火にし、5〜6分煮る。

\ ここがヒミツ /
焼き色をつけて皮つきのまま保存。水けも防げます

\ ここがヒミツ /
冷凍はそのままトースターで再加熱。カリッとさせて

冷蔵3〜4日　冷凍2週間　レンジ解凍　12分

にんにく、チーズ、バジルが香るイタリア風

焼きピーマンとパプリカのバジルマリネ

材料（4人分）

ピーマン	5個（180g）
黄パプリカ	1個
にんにく	1片
A 乾燥バジル	小さじ1/5
オリーブ油	大さじ1と1/2
粉チーズ	大さじ1
塩	小さじ1/2
こしょう	少々

1 ピーマン、パプリカは縦半分に切って種を除く。にんにくとともに魚焼きグリルで5〜6分焼き色がつくまで焼き、さます。粗熱がとれたら、ピーマンはさらに縦半分に切り、パプリカは大きめの乱切りに、にんにくは薄切りにする。

2 ボウルに**1**を入れ、**A**を加えて混ぜ合わせる。

冷蔵3〜4日　冷凍2週間　トースター　10分

こんがりチーズとみそでピザ風おかず

ピーマンのケチャップみそ焼き

材料（4人分）

ピーマン	5個（180g）
A みそ	小さじ2
トマトケチャップ	小さじ1
こしょう	少々
ピザ用チーズ	60g

1 ピーマンは縦半分に切り、種を除く。

2 **A**を混ぜ合わせ、ピーマンの内側に等分に塗りつけ、上にチーズをのせる。切り口を上にして、オーブントースターで5〜6分、こんがりと焼き色がつくまで焼く。

＊トースターで焼く前に冷凍も可。凍ったままトースターで加熱を。

なす

\ 1品の使いきり分量 /
5個（約400g）

\ 鮮度の見分け方 /
色鮮やかで張りがあり、へたのとげがしっかり立っているほど新鮮。

\ 作りおきのヒミツ /
なすは冷凍・解凍しても状態が変わりにくい、作りおき向きの野菜。煮る、焼く、蒸すなどの調理で、とろりとしたおいしさを味わって！

\ 作りおきテク /

☑ **皮むきや加熱の色どめで変色を防いで目にもおいしく。**
なすは保存中に変色しやすい。皮をむくか、最初に熱した油で炒める、または水にさらしてアクを抜くと色どめに効果的。

☑ **マリネやサラダはレンジ蒸しでトロッとさせて。**
1個ずつラップに包んでレンジ加熱すると、なすの水分でふっくらとろり。簡単で、味もよくしみてマリネにぴったり。

\ ここがヒミツ /
汁けをとばして保存性アップ

| 冷蔵4〜5日 | 冷凍2週間 | レンジ解凍 | 15分 |

なすとトマトは相性抜群。パンにもパスタにも

なすのカポナータ

材料（4人分）
なす……………5個（400g）
玉ねぎ……………½個
にんにくのみじん切り…½片分
A ┌ カットトマト缶……½缶（200g）
  │ 塩………………小さじ⅓
  │ こしょう………………少々
  └ ローリエ……………1枚
B ┌ 砂糖……………大さじ½
  └ 酢………………大さじ1
オリーブ油……………大さじ2

1 なすは1cm厚さの乱切りにする。玉ねぎはみじん切りにする。

2 鍋にオリーブ油、にんにくを入れて中火で熱し、香りが出たら強火にし、玉ねぎを加えて炒める。しんなりしたら、なすを加えてさらに炒め、**A**を加えてふたをする。

3 煮立ったら弱火にし、7〜8分煮て**B**を加えて混ぜる。ふたを取り、中火にして汁けをとばす。

ここがヒミツ
熱いうちに皮をむき味をしみ込ませて

ここがヒミツ
レンジ蒸しでトロトロに

冷蔵3〜4日　冷凍2週間　レンジ解凍　12分

香ばしさととろり感を味わう定番

焼きなすのだしびたし

材料（4人分）

なす	5個（400g）
A｜だし汁	¾カップ
｜しょうゆ	小さじ2
｜みりん	小さじ1
｜塩	少々

1 耐熱容器に**A**を入れ、ラップをかけずに電子レンジ（600W）で1分30秒加熱する。

2 なすはへたを切り落とし、魚焼きグリルで強火でこんがりと焼き色をつける。熱いうちに皮をむき、**1**にひたす。

冷蔵3〜4日　冷凍2週間　レンジ解凍　10分

桜えびとナンプラーでアジアンな香り

レンジなすのエスニックサラダ

材料（4人分）

なす	5個（400g）
玉ねぎ	¼個
桜えび	大さじ1

A｜にんにくの粗みじん切り	¼片分
｜砂糖	大さじ1と½
｜ごま油	大さじ½
｜レモン汁	大さじ2
｜ナンプラー	大さじ1
｜赤唐辛子の輪切り	½本分

1 なすはピーラーで皮をむき、1分ほど水にさらす。水けをきって1個ずつラップに包み、電子レンジ（600W）で4分30秒加熱する。そのままさまし、ラップをはずして乱切りにする。玉ねぎは薄切りにし、水にさっとさらす。ペーパータオルに包んで水けを絞る。

2 ボウルに**A**、桜えび、玉ねぎを入れて混ぜる。なすを加えて、さっくりとあえる。

ここがヒミツ
レンジ蒸しでラクラクふっくら色もきれいに

ここがヒミツ
汁ごと保存でだしがよくしみます

冷蔵 3〜4日 ／ 冷凍 2週間 ／ レンジ解凍 ／ 10分

粒マスタードの酸味をきかせた簡単マリネ

レンジなすのマスタードマリネ

材料（4人分）

なす……………………………………5個（400g）
A ┌ 粒マスタード……………………………大さじ1
　│ 練り辛子…………………………………小さじ1/5
　│ サラダ油……………………………大さじ1と1/2
　│ 酢…………………………………………大さじ1/2
　└ 塩…………………………………………小さじ1/3

1 なすはピーラーで皮をむき、1分ほど水にさらす。水けをきって1個ずつラップに包み、電子レンジ（600W）で4分30秒加熱する。そのままさまし、ラップをはずして2cm厚さの輪切りにする。

2 ボウルにAを混ぜ合わせ、1を加えてさっくりとあえる。

冷蔵 4〜5日 ／ 冷凍 2週間 ／ レンジ解凍 ／ 12分

素朴でなすの風味がよくわかります

なすの田舎煮

材料（4人分）

なす……………………………………5個（400g）
A ┌ だし汁……………………………1と1/2カップ
　│ 酒…………………………………………大さじ2
　│ しょうゆ……………………………大さじ1と1/2
　└ 砂糖………………………………………小さじ2

1 なすは縦半分に切る。皮目に斜めの切り目を入れ、さらに斜め半分に切る。1分ほど水にさらし、水けをきる。

2 鍋にAを入れて中火にかける。煮立ったらなすを皮目を下にして並べ入れ、落としぶたをする。再び煮立ったら弱火にして7〜8分煮る。

\ ここがヒミツ /
最初になすを油でさっと炒めて色どめを

\ ここがヒミツ /
皮を縞目にむいて見た目もおいしく

冷蔵3〜4日　冷凍2週間　レンジ解凍　12分

みその香ばしさと青じその風味でご飯がすすむ！
なすと豚の大葉みそ炒め

材料（4人分）
- なす……5個（400g）
- 豚薄切り肉（ももやロース）……150g
- 塩・こしょう……各少々
- A
  - みそ……大さじ2
  - 酒……大さじ1
  - 砂糖……大さじ½
- 青じその粗みじん切り……10枚分
- サラダ油……大さじ2

1 なすは縦半分に切り、皮目に斜めの切り目を入れ、2cm幅の斜め切りにする。豚肉はひと口大に切り、塩、こしょうをふる。

2 フライパンにサラダ油大さじ1と½を中火で熱してなすを炒め、色鮮やかになったら取り出す。

3 同じフライパンに残りのサラダ油を熱して豚肉を炒め、Aを加えて炒め合わせる。なすを戻し入れて炒め合わせ、青じそを加えてさっと混ぜる。

冷蔵4〜5日　冷凍2週間　レンジ解凍　15分

ヨーグルトでコクと風味がアップ
なすのカレースパイス煮

材料（4人分）
- なす……5個（400g）
- ベーコン……2枚
- A
  - にんにくのみじん切り……½片分
  - しょうがのみじん切り……½かけ分
- カレー粉……小さじ2
- B
  - プレーンヨーグルト……大さじ3
  - トマトケチャップ……大さじ1
  - 水……¼カップ
  - 塩……小さじ¼
  - こしょう……少々
  - ローリエ……1枚
- サラダ油……大さじ1と½

1 なすは皮を縞目にむき、乱切りにする。ベーコンは2cm幅に切る。

2 鍋にサラダ油を強火で熱し、なすを炒める。色鮮やかになったらA、ベーコンを加えてさらに炒め、カレー粉をふりさっと混ぜる。

3 Bを加えて混ぜ、ふたをして煮立ったら弱火にして7〜8分煮る。

かぼちゃ

1品の使いきり分量
¼個（約300g）

鮮度の見分け方
切り口が色鮮やかで、種がしっかり詰まってずっしり重いものを。

\ ここがヒミツ /
冷凍するときは
ひびが入る手前で
火を止めて

\ 作りおきのヒミツ /
冷凍食品でもよく見かけるかぼちゃ。おかずの冷凍はかために煮たり、表面を焼きつけるのがコツ。実がくずれにくく、おいしく保存できますよ。

作りおきテク

☑ **煮ものは大きく切る。**
煮くずれないよう、いつもより大きめに。

☑ **冷凍するときは、かために煮る。**
すぐ食べる分と時間差加熱を（→P.13）。煮くずれてしまったら、冷凍すると形が残りにくいので冷蔵に。

☑ **フライパンで表面を焼きつける。**
形がくずれにくくなり、香ばしさも出ておすすめ。

冷蔵3〜4日　冷凍2週間　レンジ解凍　20分

甘みとほっくり感がしみじみおいしい

かぼちゃ煮

材料（4人分）

かぼちゃ	¼個（300g）
A　だし汁	½カップ
砂糖	小さじ2
しょうゆ	小さじ1
塩	小さじ⅕

1 かぼちゃは、大きめのひと口大に切る。

2 鍋にAを合わせ、かぼちゃを皮を下にして入れる。ふたをして中火にかけ、煮立ったら弱火にして10〜15分、皮と果肉の間にひびが入る程度まで煮る。

\ここがヒミツ /
火加減がポイント。
ほどよい食感と
香りを出して

\ここがヒミツ /
煮る前に
焼きつけると
実がくずれません

冷蔵3〜4日　冷凍2週間　レンジ解凍　15分

食欲をそそる香りであとをひきます

かぼちゃの カレーきんぴら

材料（4人分）
かぼちゃ	¼個（300g）
A ┌ カレー粉	小さじ½
├ みりん	小さじ2
├ しょうゆ	小さじ1
└ 塩	少々
サラダ油	大さじ1

1 かぼちゃは太めのせん切りにする。
2 フライパンにサラダ油を熱し、かぼちゃを弱火で炒める。しんなりしたら火を止め、Aを加えて、再び中火で炒め合わせる。

冷蔵3〜4日　冷凍2週間　レンジ解凍　15分

フライパンひとつ。豚のうまみもよくしみます

かぼちゃと豚肉の炒め煮

材料（4人分）
かぼちゃ	¼個（300g）
豚薄切り肉（ももやロース）	150g
塩・こしょう	各少々
長ねぎ	½本分
赤唐辛子	1本
しょうがの薄切り	½かけ分
A ┌ 水	¾カップ
├ しょうゆ	大さじ1と½
├ 酒	大さじ1
└ 砂糖	小さじ2
ごま油	大さじ1

1 かぼちゃは大きめのくし形切りにする。豚肉はひと口大に切り、塩、こしょうをふる。ねぎは斜め切りに、赤唐辛子は斜め半分に切る。
2 フライパンにごま油を中火で熱し、豚肉を炒める。かぼちゃを加えて表面を焼きつけながら炒め、こんがりしたらしょうが、ねぎ、赤唐辛子を炒め合わせる。
3 Aを加えてふたをし、煮立ったら弱火にして8〜10分煮る。

\ ここがヒミツ /
汁けをとばすと
コクもアップ！

\ ここがヒミツ /
レンジで簡単。
レモンの酸味で
さっぱりおいしく

冷蔵3〜4日 ／ 冷凍2週間 ／ レンジ解凍 20分

とろり甘くて肉料理などのつけ合わせにも
かぼちゃとコーンのミルク煮

材料（4人分）

かぼちゃ	¼個（300g）
ホールコーン	100g
A ┌ 牛乳	1カップ
｜ バター	大さじ1
｜ 塩	小さじ⅓
└ こしょう	少々

1 かぼちゃは大きめのひと口大に切る。
2 鍋にかぼちゃ、コーン、Aを入れ、強火にかける。煮立ったら弱火にし、汁けが少なくなるまで10〜15分煮る。

冷蔵3〜4日 ／ 冷凍NG 10分

甘くてさっぱり。舌ざわりもなめらか！
かぼちゃとクリームチーズのサラダ

材料（4人分）

かぼちゃ	¼個（300g）
クリームチーズ	60g
A ┌ レモンの絞り汁	小さじ2
｜ サラダ油	大さじ1
｜ 塩	小さじ⅕
└ こしょう	少々

1 かぼちゃは4つに切り、耐熱のポリ袋に入れて電子レンジ（600W）で6分加熱する。粗熱がとれたら、大きめにスプーンなどで割りほぐす。
2 チーズは1cm角に切る。ボウルにAを入れて混ぜ、かぼちゃ、チーズを加えてさっくりと混ぜ合わせる。

\ ここがヒミツ /
煮くずれないよう表面を焼いてから煮汁を加えます

\ ここがヒミツ /
つぶして焼くので冷凍向き。1個ずつラップに包んで！

冷蔵3〜4日　冷凍2週間　レンジ解凍　 20分

湯むき不要のミニトマトで新鮮な酸味をプラス

かぼちゃのミニトマト煮

材料（4人分）
かぼちゃ……………… 1/4個（300g）
ミニトマト……………………… 10個
A ┌ 水 ………………………… 3/4カップ
　│ 固形コンソメスープの素
　│ …………………………… 1/4個
　│ 塩 ……………………… 小さじ1/2
　└ こしょう …………………… 少々
オリーブ油 ………………… 小さじ2

1 かぼちゃは大きめのひと口大に切る。ミニトマトはへたを除く。

2 鍋にオリーブ油を中火で熱し、かぼちゃを入れて表面を焼きつける。ミニトマトを炒め合わせ、Aを加える。ふたをして煮立ったら弱火にし、途中、ミニトマトを木べらでつぶしながら10〜15分煮る。

冷蔵3〜4日　冷凍2週間　レンジ解凍+トースター　 15分

チーズとベーコンの塩けでおいしいおかずに

かぼちゃのお焼き

材料（4人分）
かぼちゃ……………… 1/4個（300g）
A ┌ 片栗粉 ………………… 大さじ1
　│ 塩 ……………………… 小さじ1/4
　└ こしょう …………………… 少々
ベーコンの細切り …… 2枚分
ピザ用チーズ ……………… 40g
サラダ油 …………………… 小さじ2

1 かぼちゃは4つに切り、耐熱のポリ袋に入れて電子レンジ（600W）で6分加熱する。熱いうちに袋の上からめん棒などでつぶす。

2 1にAを加えて混ぜ、ベーコン、チーズを混ぜ合わせる。8等分して丸く平らにまとめる。

3 フライパンにサラダ油を中火で熱し、2を並べ入れる。ふたをして弱めの中火にし、途中、裏返して両面に焼き色をつける。

63

小松菜

1品の使いきり分量
1～2束(1束約200g)

鮮度の見分け方
葉が色鮮やかで濃くピンと張りがあり、茎がしっかりしたものを。

作りおきのヒミツ

青菜で作りおきするなら、茎や葉がしっかりした小松菜で。冷凍するなら、茎のシャキシャキ感が残るくらいで火を止めるようにしましょう。

作りおきテク

- ☑ **冷凍するおかずは下ゆでをかために。**
  茎から熱湯に入れてゆで、葉がくたくたになる前にざるにあげて。

- ☑ **ゆでて水けを絞るときはやさしくゆっくりと。**
  ギュッと強く絞りすぎると繊維が壊れるので注意。

- ☑ **長めのざく切りも歯ごたえを残すヒケツ！**
  保存でへたらないよう、4～5cmを目安に長めに。

ここがヒミツ
かさがあるので茎から順に手際よく炒めて

冷蔵3～4日　冷凍2週間　レンジ解凍　10分

香ばしく炒めたねぎでうまみをプラス

小松菜と焦がしねぎの中華炒め

材料（4人分）

小松菜……………2束(400g)
長ねぎ……………½本
A［オイスターソース……小さじ2
　　しょうゆ…………小さじ1と½
　　塩・こしょう………各少々］
サラダ油……………大さじ1と½
ごま油………………小さじ2

1 小松菜は4～5cm長さに切る。長ねぎは斜め薄切りにする。

2 フライパンにサラダ油を中火で熱し、小松菜を茎、葉の順に入れ、さっと炒めて取り出す。

3 フライパンをきれいにし、ごま油を強火で熱してねぎを焦がすようにこんがり炒める。小松菜を戻し入れ、Aを加えて炒め合わせる。

\ ここがヒミツ /
えのきのうまみで
さっと煮ても
味が深まります

\ ここがヒミツ /
あえものは
水けを出す
しょうゆ洗いもコツ

| 冷蔵3〜4日 | 冷凍2週間 | レンジ解凍 | 10分 |

えのきを油揚げで代用してもおいしい

小松菜とえのきの煮びたし

材料(4人分)
- 小松菜……………………………2束(400g)
- えのきだけ………………………1パック(100g)
- A
  - だし汁………………………1と½カップ
  - みりん………………………大さじ2
  - しょうゆ……………………大さじ1
  - 塩……………………………小さじ⅓

1 小松菜は熱湯でかためにゆで、水けを絞って4〜5cm長さに切る。えのきだけは根元を落とし、長さを半分に切る。

2 鍋にAを入れて中火で煮立て、**1**を加える。再び煮立ったら弱火にして4〜5分煮る。

| 冷蔵3〜4日 | 冷凍2週間 | レンジ解凍 | 8分 |

かつお節がだしに。辛子で味を引きしめて

小松菜のおかか辛子あえ

材料(4人分)
- 小松菜……………………………2束(400g)
- しょうゆ…………………………大さじ1と½
- 練り辛子…………………………小さじ1
- かつお節…………………………½パック(2g)

1 小松菜は熱湯に入れ、煮立ったら30秒ほどゆでてざるにあげる。水けを絞って3〜4cm長さに切る。ボウルに入れ、しょうゆ大さじ½をふって軽くあえ、汁けを絞る。

2 別のボウルにしょうゆ大さじ1と辛子を溶き混ぜ、**1**、かつお節を加えてあえる。

ここがヒミツ
かためにゆでて保存しながら味をなじませて

ここがヒミツ
油に風味をつけ小松菜は強火でさっと炒めるだけに

冷蔵3〜4日　冷凍2週間　レンジ解凍　10分

ねぎと唐辛子でピリ辛風味に

小松菜のナムル

材料（4人分）
小松菜･････････････2束（400g）
長ねぎのみじん切り････3cm分
にんにくのみじん切り
　････････････････････¼片分
A ┌ 粉唐辛子（または一味唐辛子）
　│　････････････････････少々
　│ しょうゆ･････････大さじ1
　│ 砂糖･････････････小さじ1
　└ 塩･････････････････少々

1 小松菜は熱湯に入れ、煮立ったら30秒ほど待ってざるにあげる。水けを絞って4〜5cm長さに切る。
2 ボウルにAを合わせ、1、長ねぎ、にんにくを加えてあえる。

冷蔵3〜4日　冷凍2週間　レンジ解凍　8分

こんがり、にんにくの風味がたまらない！

小松菜のペペロンチーノ炒め

材料（4人分）
小松菜･････････････2束（400g）
アンチョビー（フィレ）･･････2枚
A ┌ にんにくの粗みじん切り
　│　･･････････････････1片分
　│ 赤唐辛子の輪切り1本分
　└ オリーブ油･･････大さじ2
塩･････････････････小さじ¼
こしょう･･･････････････少々

1 小松菜は4〜5cm長さに切る。アンチョビーは細かくたたく。
2 フライパンにAを入れて弱火にかけ、にんにくが色づいたらアンチョビーを加えて炒める。小松菜を加え、強火にしてさっと炒め、塩、こしょうで味をととのえる。

\ここがヒミツ/
保存することでよく漬け込んだ味に

\ここがヒミツ/
冷凍に強い油揚げでくるり。冷凍は1本ずつラップに包んで

冷蔵3〜4日　冷凍2週間　レンジ解凍　10分

ごま油と隠し味の山椒で味わい深く

小松菜の中華漬け

材料（4人分）

小松菜	1束（200g）
長ねぎ	3cm
A しょうゆ	小さじ2
赤唐辛子の輪切り	½本分
粉山椒	少々
ごま油	小さじ1
塩	少々

1 小松菜は熱湯にさっと通し、水けを絞って4〜5cm長さに切る。長ねぎも同じ長さに切り、芯を除いてせん切りにする。

2 ボウルにAを混ぜ合わせ、1を加えて混ぜる。

冷蔵3〜4日　冷凍2週間　レンジ解凍　15分

油揚げのうまみがじんわり。ごちそう感満点

小松菜の信太巻き

材料（4人分）

小松菜	2束（400g）
油揚げ	4枚
片栗粉	適量
A だし汁	2カップ
しょうゆ	大さじ1と½
砂糖・酒	各大さじ1
塩	少々

1 油揚げは長い1辺を残して3辺を切って開き、熱湯を回しかけて湯をきる。

2 小松菜は熱湯でかためにゆでて水けを絞り、根元を切り落として油揚げの幅に合う長さに切る。

3 1を内側を上にして広げ、片栗粉を薄くふる。手前に2の¼量を葉と茎の向きを交互にしてのせて巻き、巻き終わりを楊枝3本でとめる。同様に残り3本も巻く。

4 鍋にAを中火で煮立て、3を並べ入れる。ふたをして、再び煮立ったら弱火にして7〜8分煮る。楊枝をはずし、食べる前に（冷凍は解凍し温めた後）切り分ける。

ごぼう

1品の使いきり分量
1本(約200g)

鮮度の見分け方
ひび割れがなく、ひげ根が少ないものを。曲げてもしっかりかたい。

作りおきのヒミツ

繊維がかたく水分の少ない、作りおきにいい野菜の代表！冷凍にも強く、筋っぽくならない調理の工夫で、よりおいしく保存できますよ。

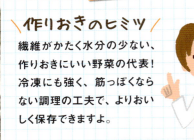

作りおきテク

☑ **せん切り、ささがき、薄切りで食感をよく！**
冷凍すると、水分が抜けて繊維がパサつきがち。細く、薄く切るほうが、筋っぽさが気にならない。

☑ **アク抜きでおいしさアップ。**
水にさらすアク抜きのひと手間を惜しまずに。うまみが抜けないよう、1分程度ひたせばOK。

☑ **春ごぼうは加熱時間を短く。**
春ごぼうはやわらかく火の通りが早い。

ここがヒミツ
細く切ると冷凍してもおいしい食感に

冷蔵4〜5日　冷凍2週間　レンジ解凍　15分

薄めの味つけでごぼうの香りを楽しんで

きんぴらごぼう

材料（4人分）
ごぼう……………1本(200g)
にんじん…………4cm分
A ┌ 酒……………大さじ1
　├ しょうゆ……小さじ2
　├ 砂糖…………小さじ1
　└ 塩……………少々
七味唐辛子………少々
ごま油……………小さじ2

1 ごぼう、にんじんは4cm長さのせん切りにする。ごぼうは1分ほど水にさらし、水けをしっかりときる。

2 フライパンにごま油を中火で熱し、ごぼうを炒める。しんなりしたら、にんじんを加えて炒め合わせる。

3 火を止めてAを加え、再び中火にかけ、汁けがなくなるまで炒める。仕上げに七味唐辛子をふり、さっと混ぜる。

\ ここがヒミツ /
定番きんぴらは切り方や味で変化を

\ ここがヒミツ /
めん棒などでたたき割ると繊維もやわらかに

| 冷蔵 4〜5日 | 冷凍 2週間 | レンジ解凍 | 15分 |

コクのあるしっかり味でご飯もすすみます

中華風きんぴら

材料（4人分）
ごぼう……………………1本（200g）
にんにくのみじん切り
　……………………………¼片分
豆板醤……………………小さじ⅓
A ┌ 酒……………………大さじ1
　├ しょうゆ………………小さじ2
　├ 砂糖・オイスターソース
　│　……………………各小さじ½
　└ こしょう………………少々
黒いりごま…………………少々
ごま油………………………小さじ2

1 ごぼうは太めのささがきにする。1分ほど水にさらし、水けをしっかりとる。
2 フライパンにごま油を中火で熱し、ごぼうを炒める。しんなりしたら、にんにく、豆板醤を加えて炒め、香りが出たら火を止める。
3 Aとごまを加えて混ぜ、再び中火にかけて炒め合わせる。

| 冷蔵 4〜5日 | 冷凍 2週間 | レンジ解凍 | 15分 |

ごまみそがよくからみ、保存でさらに味がしみます

たたきごぼう

材料（4人分）
ごぼう……………………1本（200g）
A ┌ みそ・白すりごま……各大さじ1
　├ 砂糖………………………小さじ1
　└ しょうゆ…………………小さじ½

1 ごぼうは2〜3等分に切り、1分ほど水にさらす。鍋に入れ、かぶるくらいの水を加えて火にかけ、煮立ったら弱火にし、10分ほどゆでて湯をきる。
2 1を熱いうちにめん棒などでたたいて割り、3cm長さに切る。ボウルにAを入れて混ぜ、ごぼうを加えてあえる。

69

\ ここがヒミツ /
シャキシャキの
せん切りで
冷凍もOK

\ ここがヒミツ /
薄切りも冷凍向き！
パリパリ食感も新鮮

冷蔵3〜4日　冷凍2週間　自然解凍　 15分

マヨあえでしっとり。ラー油の辛みがアクセント

ごぼうサラダ

材料（4人分）
```
ごぼう……………1本（200g）
鶏ささみ…………2本（100g）
A ┌ 塩・こしょう………各少々
  └ 酒………………………小さじ1
B ┌ 酢・しょうゆ………各小さじ1
  │ 砂糖…………………小さじ1/3
マヨネーズ……………………大さじ3
ラー油……………………………少々
```

1 ささみは筋を取り、**A**をふってラップをかけ、電子レンジ（600W）で1分40秒加熱する。粗熱がとれたら、手で細く裂く。

2 ごぼうは4cm長さのせん切りにし、1分ほど水にさらす。鍋に湯を沸かしてごぼうを入れ、再び煮立ったら1分ゆで、湯をきる。

3 **2**をボウルに入れ、熱いうちに**B**を加えて混ぜる。よくさまし、**1**、マヨネーズ、ラー油を加えてあえる。

冷蔵4〜5日　冷凍2週間　レンジ解凍　 10分

スパイスのきいたウスターソースで香ばしく

ごぼうとツナの
ソース炒め

材料（4人分）
```
ごぼう……………………………1本（200g）
ツナ缶……………………………小1缶（70g）
ウスターソース…………………大さじ1
塩・こしょう……………………各少々
サラダ油…………………………小さじ2
```

1 ごぼうは4cm長さに切り、さらに薄切りにする。1分ほど水にさらし、水けをきる。ツナ缶は缶汁をきり、ほぐす。

2 フライパンにサラダ油を中火で熱し、ごぼうを炒める。しんなりしたら、ツナを加えてさらに炒め、ソース、塩、こしょうを加えて炒め合わせる。

ここがヒミツ
薄切りにすると
マリネ液もよくしみ
香りもしっかり！

ここがヒミツ
下煮をするから
やわらかに！

冷蔵3～4日　冷凍2週間　レンジ解凍　15分

さわやかな香りと酸味でいつもと違う一品に
ごぼうのギリシャ風マリネ

材料（4人分）
ごぼう……………………1本（200g）
にんにく……………………½片
A ┃ レモンの薄切り………2枚
　 ┃ ローリエ………………1枚
　 ┃ コリアンダーシード（あれば）
　 ┃ ………………………6粒
　 ┃ オリーブ油・白ワイン
　 ┃ ………………………各大さじ1
　 ┃ 塩………………………小さじ⅕
　 ┃ こしょう………………少々

1 ごぼうは斜め薄切りにし、1分ほど水にさらして水けをきる。にんにくは厚みを半分に切る。

2 鍋にAと1を入れて混ぜ、ふたをして中火にかける。煮立ったら弱火にし、7～8分蒸し煮にする。火を止めて、そのままさます。

冷蔵4～5日　冷凍2週間　レンジ解凍　15分

トマトの酸味で後味さっぱり
ごぼうのトマト煮

材料（4人分）
ごぼう……………………1本（200g）
ベーコン……………………2枚
にんにくの薄切り………½片分
水……………………………½カップ
A ┃ カットトマト缶……¼缶（100g）
　 ┃ 塩………………………少々
　 ┃ こしょう………………少々
　 ┃ オリーブ油……………大さじ½

1 ごぼうは2～3cm長さに切り、太い部分は縦半分に切る。1分ほど水にさらし、水けをきる。ベーコンは短冊切りにする。

2 鍋にオリーブ油を中火で熱し、ごぼう、にんにくを入れて炒める。油がまわったら水を加えてふたをし、煮立ったら弱火にして10分煮る。

3 ベーコン、Aを加え、ふたをしてさらに5分煮る。ふたを取り、中火で煮汁が半量になるまで煮つめる。

れんこん

1品の使いきり分量
1節（約180g）

鮮度の見分け方
ふっくら太って薄いだいだい色。穴の中が変色していないものを。

作りおきのヒミツ

れんこんも冷凍に強く、作りおきに活躍させたい根菜の代表。繊維が豊富で煮くずれないので、長めにゆでて。甘みが出てホクッとします。

作りおきテク

☑ **しっかり加熱して、甘みを出す。**
あえものの下ゆでも長めに。長く煮ても煮くずれず、冷凍・解凍しても状態が変わりにくい。

☑ **水にさらして白さをキープ。**
切って空気にふれると黒くなるので、水にさらしてアクを抜くひと手間を惜しまずに。

ここがヒミツ
薄く切るのがコツ。味がよくなじんで歯ざわりもいい！

冷蔵3〜4日　冷凍2週間　レンジ解凍　 15分

梅の酸味と香りがさわやか

れんこんとたこの梅マリネ

材料（4人分）

れんこん……………1節（180g）
ゆでたこ（足）…………150g
梅干し…………………2個

A ┃ だし汁……………¼カップ
　┃ 酢…………………小さじ1
　┃ みりん……………小さじ2
　┃ サラダ油…………大さじ½

1 れんこんは薄い輪切りにし、鍋に入れてかぶるくらいの水を加え、火にかける。煮立ったら弱火にして7〜8分ゆで、湯をきってさます。

2 たこは薄い輪切りにする。梅干しは果肉をちぎり、種は取っておく。

3 ボウルに**A**、梅干しの種を入れて混ぜる。種を取り出し、**1**、**2**を加えてさっくりと混ぜる。

ここがヒミツ
すりおろして
よく水けをきって

ここがヒミツ
下ゆではしっかり。
辛子も傷みを防ぐ
助けに

| 冷蔵4〜5日 | 冷凍3週間 | レンジ解凍+トースター | 15分 |

卵白入りでふんわりモチモチ
れんこんのお焼き

材料（4人分）
れんこん………………1節(180g)
むきえび…………………50g
万能ねぎの小口切り
　………………………4本分
A ┌ 卵白……………………½個
　│ 片栗粉………………大さじ1
　│ 塩・こしょう………各少々
　└ サラダ油……………小さじ2

1 れんこんはすりおろし、ざるにあげて水けをきる。えびは包丁でたたく。
2 ボウルにAと1を入れてよく混ぜ、万能ねぎを加えてさっと混ぜる。
3 フライパンにサラダ油を中火で熱し、2を8等分して丸く平らにまとめながら並べ入れる。落としぶたをして押さえ、火を少し弱め、途中、裏返して両面をこんがりと焼く。

| 冷蔵4〜5日 | 冷凍2週間 | レンジ解凍 | 10分 |

辛子のきいた甘辛みそで香りもごちそう
れんこんの辛子みそあえ

材料（4人分）
れんこん………………………1節(180g)
A ┌ みそ……………………大さじ1と½
　│ 砂糖………………………大さじ½
　└ 練り辛子…………………小さじ1

1 れんこんは薄い半月切りにし、鍋に入れてかぶるくらいの水を加えて火にかける。煮立ったら弱火にして7〜8分ゆで、湯をきってさます。
2 ボウルにAを入れて混ぜ、1を加えてあえる。

ここがヒミツ
水にさらして塩で調味。目にもさわやかな白に！

ここがヒミツ
大きめに切ってしっかり煮て。味もよくしみます

冷蔵4〜5日 ｜ 冷凍2週間 ｜ レンジ解凍 ｜ 10分

ピリリとしたゆずこしょう味のアクセント

れんこんの塩きんぴら

材料（4人分）
- れんこん……1節（180g）
- A｜みりん……大さじ1
- 　｜塩……小さじ1/5
- 　｜ゆずこしょう……少々
- サラダ油……大さじ1

1 れんこんは薄い半月切りにし、1分ほど水にさらして水けをきる。

2 フライパンにサラダ油を中火で熱し、れんこんを炒める。透き通ったら火を止め、Aを加えて混ぜる。再び中火にかけて炒め合わせる。

冷蔵4〜5日 ｜ 冷凍2週間 ｜ レンジ解凍 ｜ 15分

鶏手羽のうまみがしみてホクホク

れんこんと鶏手羽の炒め煮

材料（4人分）
- れんこん……1節（180g）
- 鶏手羽中（半分に割ったもの）……8本（100g）
- A｜しょうがの薄切り……1/2かけ分
- 　｜水……1と1/2カップ
- 　｜しょうゆ……大さじ1と1/2
- 　｜酒……大さじ1
- 　｜砂糖……大さじ1/2
- ごま油……小さじ2

1 れんこんは大きめの乱切りにする。

2 フライパンにごま油を中火で熱し、手羽中を入れて両面を焼く。こんがりしたら、れんこんを加えてさらに炒め、Aを加えて混ぜ、ふたをする。

3 煮立ったら弱火にして10分煮る。ふたを取り、中火で煮汁をからめながら、汁けをとばす。

\ ここがヒミツ /
甘みを引き出すには素揚げが一番。揚げ焼きで気軽に

\ ここがヒミツ /
切り方や味つけの工夫で洋風にも！

冷蔵4〜5日 | 冷凍2週間 | レンジ解凍 | 10分

サクサク甘い、れんこんのおいしさ実感

揚げれんこんの酢じょうゆあえ

材料（4人分）
- れんこん……………1節（180g）
- 酢……………………小さじ1
- しょうゆ……………小さじ2
- サラダ油……………適量

1 れんこんは5mm厚さの輪切りにする。
2 フライパンの1cm深さまでサラダ油を入れて中火で熱し、れんこんを3回くらいに分けて入れ、きつね色になるまで揚げ焼きにする。
3 ボウルに酢、しょうゆを入れ、油をきった2を熱いうちに加えてあえる。

冷蔵4〜5日 | 冷凍2週間 | レンジ解凍 | 15分

チリパウダーでお手軽メキシカン。チーズをかけても

れんこんのチリトマト煮

材料（4人分）
- れんこん……………1節（180g）
- にんにくのみじん切り……………¼片分
- ソーセージ…………3本
- A
  - カットトマト缶……¼缶（100g）
  - チリパウダー………大さじ1
  - ウスターソース……小さじ1
  - 塩……………………小さじ¼
  - こしょう……………少々
- オリーブ油…………小さじ2

1 れんこんは縦に8つ割りにし、長めの乱切りにする。ソーセージは斜め薄切りにする。
2 鍋にオリーブ油を中火で熱し、にんにく、れんこんを入れて炒める。全体に油がまわったらソーセージ、Aを加えてふたをし、煮立ったら弱火にして7〜8分煮る。

ブロッコリー

1品の使いきり分量
大1株(約400g)

鮮度の見分け方
花蕾が締まり、茎の切り口がみずみずしく空洞がないものが良質。

\ 作りおきのヒミツ /
加熱しすぎると花蕾部分が溶けて傷みやすくなり、冷凍・解凍するとべちゃっとします。ブロッコリーの作りおきは、かための加熱が基本ですよ。

作りおきテク

☑ **ゆでる、煮るはややかたいうちに火を止める。**
すぐ食べる分は時間差加熱(→P.13)で好みのやわらかさに。

☑ **サラダやあえものは、下ゆで後よくさましてからあえる。**
保存中に変色しにくくなる。

☑ **揚げものの保存容器にはペーパータオルを1枚敷いて。**
揚げると甘みが出てホクホクしておいしい。保存中にしみ出す油を紙で吸い取ると、おいしさも長持ち。

\ ここがヒミツ /
ラクちん蒸し煮で
うまみがよくしみて
緑色も鮮やかに

冷蔵3〜4日　冷凍2週間　レンジ解凍　10分

あさりと黒オリーブの風味でごちそう感満点

ブロッコリーとあさりの蒸し煮

材料(4人分)
ブロッコリー……… 大1株(400g)
あさり水煮缶…… 小1缶(130g)

A
┌ にんにくの薄切り… 1片分
│ 黒オリーブの輪切り… 50g
│ 赤唐辛子(斜め半分に切る)
│ ……………………1本分
│ オリーブ油………… 大さじ1
│ 塩……………………小さじ1/5
│ こしょう………………… 少々
└ 水………………… 大さじ2

1 ブロッコリーは小房に分ける。
2 フライパンに**1**、あさりを缶汁ごと入れ、**A**を加えて混ぜる。ふたをして中火にかけ、煮立ったら弱火にして4分蒸し煮にする。

\ ここがヒミツ /
保存で味が
しみていくので
冷凍も汁ごと！

\ ここがヒミツ /
ブロッコリーと卵は
相性抜群。卵は
しっかりかたゆでに

| 冷蔵3〜4日 | 冷凍2週間 | レンジ解凍 | 8分 |

決め手はしょうが。ぜひ、香りのいい生おろしで

ブロッコリーの しょうがびたし

材料（4人分）

ブロッコリー	大1株（400g）

A ┌ しょうがのすりおろし……1かけ分
　├ だし汁……………………… 1/2カップ
　├ しょうゆ………………………小さじ1
　└ 塩………………………………少々

1 ブロッコリーは小房に分け、熱湯でかためにゆで、ざるにあげてさます。

2 ボウルに **A** を入れて混ぜ、**1** を加えてあえる。

| 冷蔵3日 | 冷凍NG | 15分 |

ヨーグルトを加えてさっぱり飽きのこない味に

ブロッコリーの タルタルサラダ

材料（4人分）

ブロッコリー	大1株（400g）
ゆで卵	3個
ハム	3枚

A ┌ 玉ねぎのみじん切り……小さじ2
　├ マヨネーズ…………………大さじ4
　├ プレーンヨーグルト………大さじ1
　├ 塩………………………………少々
　└ 粗びき黒こしょう……………少々

1 ブロッコリーは小房に分け、熱湯でかためにゆで、ざるにあげてさます。ゆで卵は大きめのざく切りに、ハムはいちょう切りにする。

2 **A** の玉ねぎはペーパータオルに包んで水にさらし、水けを絞る。ボウルに **A** を混ぜ合わせ、**1** を加えてさっくりと混ぜる。

ここがヒミツ
ペーパーを敷いて保存するとおいしさ長持ち！

ここがヒミツ
作りおきには卵の量は少なめ、具だくさんに！

| 冷蔵3〜4日 | 冷凍2週間 | レンジ解凍+トースター | 15分 |

揚げるとホクホク甘い！ 揚げ焼きで気軽に

ブロッコリーの
チーズフリッター

材料（4人分）
ブロッコリー……… 大1株(400g)
A ┌ 小麦粉………… ½カップ
　├ 溶き卵………… ½個分
　├ 牛乳…………… ½カップ弱
　├ 粉チーズ……… 大さじ1
　├ オリーブ油…… 大さじ½
　└ 塩・こしょう… 各少々
サラダ油…………… 適量

1 ブロッコリーは小房に分ける。ボウルに**A**を入れてよく混ぜ、ころもを作る。

2 フライパンの深さ2cmまでサラダ油を入れ、中温（170℃）に熱する。ブロッコリーをころもにくぐらせながら落とし入れ、からりと揚げて油をきる。

78

| 冷蔵3〜4日 | 冷凍NG | 15分 |

小さめのフライパンで焼いて厚みを出して

ブロッコリーのオムレツ

材料（4人分・直径20cm1枚分）
ブロッコリー……… 大1株(400g)
玉ねぎ……………… ¼個
塩・こしょう……… 各少々
A ┌ 溶き卵………… 5個分
　├ 塩…………… 小さじ¼
　└ こしょう……… 少々
オリーブ油………… 小さじ4

1 ブロッコリーは小房に分け、熱湯でかためにゆで、ざるにあげる。玉ねぎは5mm角に切る。

2 フライパンにオリーブ油の半量を強火で熱し、玉ねぎを炒める。透き通ったらブロッコリーを炒め合わせ、塩、こしょうをふる。

3 ボウルに**A**を入れ、**2**を加えて混ぜる。小さめのフライパンに残りの油を中火で熱し、卵液を流し入れる。半熟状になるまでかき混ぜ、平らにしたら、ふたをして弱火にする。途中、裏返して両面をこんがりと焼く。

\ ここがヒミツ /
かためにゆで
保存しながら
味をなじませて

\ ここがヒミツ /
冷凍に強く
うまみだしになる
練りものをプラス

冷蔵3〜4日　冷凍2週間　レンジ解凍　10分

香ばしくいった松の実で味わいがぐんとアップ

ブロッコリーのナムル

材料（4人分）

ブロッコリー	大1株（400g）
A ┌ 長ねぎのみじん切り	3cm分
／ 粉唐辛子（または一味唐辛子）	少々
＼ ごま油	小さじ2
／ 白すりごま	小さじ1
└ 塩	小さじ1/3
松の実	大さじ1

1 ブロッコリーは小房に分け、<u>熱湯でかためにゆでて</u>、ざるにあげてさます。松の実はフライパンでからいりする。

2 ボウルに**A**を入れて混ぜ合わせ、**1**を加えてあえる。

冷蔵3〜4日　冷凍2週間　レンジ解凍　10分

手軽なちくわで和風に。さつま揚げもおすすめ食材

ブロッコリーと
ちくわの煮びたし

材料（4人分）

ブロッコリー	大1株（400g）
ちくわ	3本
A ┌ だし汁	3/4カップ
／ みりん・しょうゆ	各小さじ2
└ 塩	少々

1 ブロッコリーは小房に分け、ちくわは斜め薄切りにする。

2 鍋に**A**を入れて中火で煮立て、**1**を加える。再び煮立ったら弱火にし、4〜5分煮る。

きのこ

使いきり分量の目安
しめじ、まいたけ、えのきだけ、エリンギ 各1〜2パック。しいたけ4〜8枚

鮮度の見分け方
肉厚でしっかり弾力があり、全体に締まりのあるものが良質。

作りおきのヒミツ

きのこは作りおき冷凍の強い味方！解凍しても食感が残り、長くおいしさを保てます。うまみも濃いので、いろんなきのこをミックスしてみて。

作りおきテク

☑ **各種ミックスするとうまみ倍増！**
風味もそれぞれ。好みのきのこを組み合わせて。

☑ **グリルで香ばしく焼くとうまみ、香りがいっそうアップ！**
マリネなども、焼いてからあえると風味が際立つ。

☑ **レンジ蒸しはラップではなくペーパータオルをかけて。**
きのこは意外に水分が多い。ペーパータオルを1枚、かぶせて蒸気を吸うと、余計な水が入らずおすすめ。

\ ここがヒミツ /
汁けは煮きって。冷凍できて主菜にも副菜にもなります

冷蔵4〜5日 **冷凍3週間** **レンジ解凍** 10分

しょうがの風味でさっぱりと。牛丼にしてもおいしい

きのこと牛肉のしぐれ煮

材料（4人分）
しめじ……………1パック（100g）
まいたけ…………1パック（100g）
牛切り落とし肉………………150g
A [しょうがのせん切り……………½かけ分
　　酒……………………………大さじ2
　　しょうゆ………………大さじ1と½
　　砂糖……………………………大さじ½]
ごま油……………………………小さじ1

1 しめじ、まいたけは小房に分ける。牛肉はひと口大に切る。

2 フライパンにごま油を中火で熱し、牛肉を炒める。色が変わったら、しめじ、まいたけ、Aを加えて混ぜ合わせる。煮立ったら弱火にし、ときどき混ぜながら汁がなくなるまで煮る。

\ ここがヒミツ /
焼くひと手間で断然風味がアップ

\ ここがヒミツ /
おからも冷凍に強い食材。汁けをとばし日持ちをよくして

冷蔵4〜5日 ｜ 冷凍3週間 ｜ レンジ解凍 ｜ 15分

好みのきのこで香ばしく。ワインにも合います

焼ききのこのマリネ

材料（4人分）
- しめじ……………1パック（100g）
- しいたけ……………………6枚
- エリンギ…………1パック（100g）
- A
  - にんにくの薄切り………½かけ分
  - 赤唐辛子の輪切り………½本分
  - バルサミコ酢………小さじ1
  - レモンの絞り汁……小さじ2
  - オリーブ油…………大さじ1
  - 塩……………………小さじ¼
  - こしょう………………少々

1 しめじは根元を4つ割りにし、しいたけは軸を切り落とす。エリンギは縦半分に切る。

2 魚焼きグリルで**1**をこんがりと焼く。粗熱がとれたら、それぞれ食べやすい大きさに裂く。

3 ボウルに**A**を合わせ、**2**を加えて混ぜる。

冷蔵3〜4日 ｜ 冷凍3週間 ｜ レンジ解凍 ｜ 15分

おからにきのこのうまみがしみて味わい深い

きのこのおからいり煮

材料（4人分）
- しめじ……………1パック（100g）
- しいたけ……………………4枚
- えのきだけ………¼パック（50g）
- 長ねぎの小口切り……½本分
- おから………………………200g
- A
  - だし汁………………1カップ
  - 砂糖・しょうゆ・酒……各大さじ1
  - 塩……………………小さじ¼
- サラダ油………………大さじ1

1 しめじは小房に分け、しいたけは4つ割りにする。えのきだけは根元を切り落とし、長さを半分に切る。

2 鍋にサラダ油を強火で熱し、ねぎを入れて香りが出るまで炒める。**1**を炒め合わせ、しんなりしたら、おからを加えてさっと炒める。

3 Aを加えて中火にし、汁けが少なくなり、おからがしっとりする程度まで炒める。

\ ここがヒミツ /
オイルの風味もおいしさ。かならず温めて食べて

\ ここがヒミツ /
きのこから出る汁と酢だけ。余計な水分は入れずにあえます

冷蔵4〜5日　冷凍3週間　レンジ解凍　10分

風味豊かなオイル蒸し。パスタとあえればソースにも
きのこのアヒージョ風

材料（4人分）
しめじ……………1パック（100g）
エリンギ…………1パック（100g）
しいたけ……………………4枚
A ┌ にんにくの粗みじん切り
　│　　　　　　　　1かけ分
　│ 白ワイン………大さじ1
　│ 塩………………小さじ¼
　└ こしょう………………少々
オリーブ油…………大さじ2

1 しめじは小房に分ける。エリンギは軸を輪切りに、かさを4つ割りにする。しいたけも4つ割り（小さめなら半分）にする。
2 フライパンにAを入れて混ぜ、オリーブ油、1を加える。ふたをして中火にかけ、5〜6分蒸し煮にする。

冷蔵3〜4日　冷凍3週間　レンジ解凍　10分

レンジで気軽に。しめじの風味が際立ちます
レンジしめじの酢のもの

材料（4人分）
しめじ……………2パック（200g）
A ┌ 酢………………大さじ1と½
　│ しょうゆ・みりん…各小さじ1
　└ 塩………………………少々

1 しめじは小房に分ける。大きめの耐熱皿に広げ、上にペーパータオルをかぶせ、電子レンジ（600W）で3分加熱する。取り出して上下を返すように混ぜ、再びペーパータオルをかぶせて3分加熱する。
2 ボウルにA、1を蒸して出た汁ごと入れてあえる。

\ ここがヒミツ /
切り方もひと工夫！太い軸は輪切りにすると食べやすい

\ ここがヒミツ /
しめじの蒸し汁をよくきってあえて

| 冷蔵 4〜5日 | 冷凍 3週間 | レンジ解凍 | 10分 |

黒こしょうがピリッと味の引き締め役に

エリンギの塩きんぴら

材料（4人分）

エリンギ	2パック(200g)
塩	少々
粗びき黒こしょう	少々
オリーブ油	大さじ1/2

1 エリンギは半分に切り、かさ側は縦薄切りに、軸は輪切りにする。

2 フライパンにオリーブ油を中火で熱し、**1**を入れて炒める。こんがりと焼き色がついたら、塩、こしょうで味をととのえる。

| 冷蔵 3日 | 冷凍 NG | 10分 |

しょうゆをひとさじ。和食にも合う味わいに

しめじのマヨあえサラダ

材料（4人分）

しめじ	2パック(200g)
みつ葉	1束
A マヨネーズ	大さじ3
A しょうゆ	小さじ1
A 塩・こしょう	各少々

1 しめじは小房に分ける。みつ葉は3cm長さに切る。

2 大きめの耐熱皿にしめじを広げ、上にペーパータオルをかぶせ、電子レンジ（600W）で3分加熱する。取り出して上下を返すように混ぜ、再びペーパータオルをかぶせて3分加熱する。

3 ボウルに**A**、汁けをきった**2**を入れて混ぜる。みつ葉を加え、さっとあえる。

\ ここがヒミツ /
あっさりねぎ塩が
香ばしさを
引き立てます

\ ここがヒミツ /
しっかり煮るので
日持ちもよし。ぜひ、
肉厚なしいたけで

| 冷蔵3〜4日 | 冷凍3週間 | レンジ解凍 | 15分 |

シコシコ食感も楽しめ、おつまみにもぴったり

焼きエリンギの
ねぎ塩あえ

材料（4人分）

エリンギ ……………………………… 2パック（200g）
A ┌ 長ねぎの粗みじん切り …………………… 5cm分
　│ ごま油 …………………………………… 小さじ2
　│ 塩 ……………………………………… 小さじ1/5
　└ こしょう ……………………………………… 少々

1 エリンギは縦半分に切り、魚焼きグリルで両面をこんがりと焼き、食べやすい大きさに切る。
2 ボウルにAと1を入れて混ぜ合わせる。

| 冷蔵4〜5日 | 冷凍3週間 | レンジ解凍 | 10分 |

上品な薄味でしいたけのうまみを生かして

しいたけの中華煮

材料（4人分）

しいたけ ………………………………………… 8枚
A ┌ ごま油・オイスターソース …………… 各小さじ1
　│ 酒 ……………………………………… 大さじ1
　│ しょうゆ …………………………… 小さじ1と1/2
　│ こしょう ……………………………………… 少々
　└ 水 …………………………………… 1/4カップ

1 しいたけは軸ごと縦半分に切る。
2 鍋にAを入れて中火で煮立て、1を加えてふたをする。再び煮立ったら弱火にし、7〜8分煮る。

\ ここがヒミツ /
えのきは長めに。
ポロポロのたらこが
よくからみます

\ ここがヒミツ /
えのきは短めに切り
とろりと煮詰めて

冷蔵4〜5日　冷凍3週間　レンジ解凍　 10分

つるつるシコシコ、彩りもよし
えのきとにんじんのたらこいり

材料（4人分）
えのきだけ……………………1パック（200g）
にんじん………………………………½本
たらこ（薄皮を除いてほぐす）………………½腹
酒………………………………………大さじ1

1 えのきだけは根元を切り落としてほぐす。にんじんは3〜4cm長さのせん切りにする。

2 フライパンに**1**、酒を入れて中火にかける。混ぜながらしんなりするまでいり、たらこを加えてポロポロになるまでいり合わせる。たらこの塩けが薄ければ、塩適量（分量外）で味をととのえる。

冷蔵4〜5日　冷凍3週間　レンジ解凍　 10分

卵焼きの具など料理のうまみだしとしても大活躍
なめたけえのき

材料（4人分）
えのきだけ……………………2パック（400g）
┌ しょうゆ……………………………大さじ1
A みりん………………………………小さじ2
└ 酢……………………………………小さじ1

1 えのきだけは根元を切り落とし、長さを4等分に切る。

2 鍋に**A**と**1**を入れて中火にかける。煮立ったら弱火にし、ときどき混ぜながら5〜6分煮る。

あると助かる！❷

＼牛乳と温めるだけ！／
好みの野菜で冷凍ポタージュスープの素

自家製だから、体にやさしい自然の風味。冷凍しておけば、牛乳と温めるだけでいつでも気軽に味わえます。

基本のレシピ

`冷凍3週間` `レンジ解凍` 25分

かぼちゃの
ポタージュスープの素

忙しい朝でもサッとできたて

材料（4人分）

かぼちゃ……… ¼個（300g）	A ┌ 水……… 1カップ
玉ねぎの薄切り……… ½個分	├ 塩……… 小さじ½
バター……… 大さじ1と½	└ こしょう……… 少々

1 かぼちゃは種とわたを除き、皮をむいてひと口大に切る。

2 鍋を中火で熱してバターを溶かし、玉ねぎをしんなりするまで炒める。

3 かぼちゃを加えて軽く炒め、Aを加えてふたをする。煮立ったら弱火にし、かぼちゃがやわらかくなるまで15分ほど煮て火を止め、そのままさます。

4 粗熱がとれたら、ミキサーにかけてなめらかにする。

この野菜でも作れる！

基本のレシピのかぼちゃを好みの野菜に替えて、いずれも玉ねぎは加えて同様に作ればOK。

- じゃがいも 3個
- さつまいも 大1本
- ごぼう 1本 ＋ じゃがいも ½個
- ブロッコリー ½株 ＋ じゃがいも 1個
- ほうれん草 ½束 ＋ じゃがいも 1個
- にんじん 大1本 ＋ 白いご飯 25g

おいしく冷凍するコツ

[冷凍保存]

ポタージュの素を1〜2人分ずつに分けて冷凍用保存袋に流し入れ、空気を抜きながら口を閉じる。完全にさめてから冷凍を。

[解凍＆仕上げ]

ポタージュの素をレンジ解凍して鍋に入れ、牛乳2カップ（1人分あたり½カップ）を加えて弱火にかける。ひと煮立ちさせ、塩、こしょうで味をととのえる。

Part 3

\好きな野菜が見つかる!/
いろいろ野菜で作りおき

いつもの野菜から豆や乾物まで！
いろいろな作りおきのプラス1品で、味の幅が広がり
献立の栄養バランスもアップします。

23種の素材を使いきり！

キャベツ

(1品の使いきり分量)
¼〜½個
(¼個約250g)

(鮮度の見分け方)
ずしりと重みがあってかたく、巻きがしっかりと詰まったものを。

\ 作りおきのヒミツ /
やわらかな春キャベツよりも、葉が厚くかためのキャベツのほうが、作りおきには向きます。パリッと生で、くたっと煮てと味わい方もいろいろ。

(作りおき テク)

☑ **ざくっと大きめ、太めに切る。**
細かく切るよりも、水っぽくなりにくい。

☑ **あえものは下ゆでの加熱を。**
水けが出やすいあえものは、加熱をして傷みを防いで。生で食べるサラダなどは冷蔵で早めに食べきる。

☑ **煮ものは大きい鍋でたっぷり煮る。**
葉が厚くかたいのでかさばるが、煮ると水分がたっぷり出て、濃いうまみや甘みが味わえる。

\ ここがヒミツ /
レンジで蒸してやわらかに。冷凍もOK！

冷蔵3〜4日 **冷凍2週間** **レンジ解凍** 15分

味も色あいも相性抜群。レモンでさっぱりと

キャベツと鮭のレモンあえ

材料（4人分）

キャベツ	¼個 (250g)		だし汁	¼カップ
鮭（甘塩）	2切れ	A	みりん	小さじ1
レモンの薄切り	4枚分		塩	小さじ⅓

1 キャベツは耐熱のポリ袋に入れて電子レンジ（600W）で3分加熱し、粗熱がとれたら大きめのざく切りにする。

2 鮭は魚焼きグリルでこんがりと焼き、皮と骨を除いて粗くほぐす。

3 ボウルに半分に切ったレモンとAを合わせ、1、2を加えてさっくりと混ぜる。

＊冷凍する場合は、レモンの薄切りのかわりに、ほぐした鮭にレモン汁小さじ2を混ぜる。

\ ここがヒミツ /
キャベツ½個で
たっぷりくたっと
蒸し煮します

\ ここがヒミツ /
冷凍もOKの
さつま揚げで
コクをプラス

| 冷蔵4〜5日 | 冷凍2週間 | レンジ解凍 | 15分 |

ほのかな酸味でパンにのせてもおいしい！

キャベツの粒マスタード煮

材料（4人分）

キャベツ	½個（500g）
ベーコン	2枚

A ┌ にんにくの薄切り……2枚
　├ 粒マスタード………大さじ2
　├ ローリエ……………1枚
　├ 水………………¼カップ
　├ 塩………………小さじ⅓
　└ こしょう……………少々

1 キャベツは大きめのざく切りに、ベーコンは細切りにする。

2 鍋にAと1を入れて混ぜ、ふたをして中火にかける。煮立ったら弱火にし、10分ほど蒸し煮にする。

| 冷蔵4〜5日 | 冷凍2週間 | レンジ解凍 | 15分 |

煮汁がよくしみて甘みが出ます

キャベツとさつま揚げの煮びたし

材料（4人分）

キャベツ	¼個（250g）
さつま揚げ	2枚

A ┌ だし汁……………1と½カップ
　├ しょうゆ・みりん……各小さじ2
　└ 塩………………小さじ⅕

1 キャベツは大きめのざく切りにする。さつま揚げは熱湯を回しかけて湯をきり、1cm幅に切る。

2 鍋にAを入れて強火で煮立て、さつま揚げ、キャベツを順に加えてふたをする。再び煮立ったら弱火にし、7〜8分煮る。

\ ここがヒミツ /
太めに切って。
味がしみると
ほどよくしんなり

\ ここがヒミツ /
かための葉が最適。
大きく切って
パリパリ感を残して

冷蔵 3日　冷凍 NG　 10分

酢であえてさっぱりと。保存で味をなじませて

コールスローサラダ

材料（4人分）

キャベツ……1/4個（250g）	┌ 酢・サラダ油… 各大さじ1
玉ねぎの薄切り………… 30g	A 砂糖……………… 小さじ1
塩………………… 小さじ1/2	└ こしょう………………少々
ホールコーン…………… 50g	

1 キャベツは太めのせん切りにする。
2 ボウルに玉ねぎ、塩を入れてもみ混ぜ、しんなりしたら、キャベツ、Aを順に加えて混ぜ合わせる。コーンを加えてあえる。

冷蔵 3〜4日　冷凍 NG　 10分

ごま油が香る中華風の甘酢漬け

キャベツの辣白菜（ラーパーツァイ）

材料（4人分）

キャベツ……1/4個（250g）	┌ 酢………………… 大さじ2
塩………………… 小さじ1/3	A 砂糖・ごま油… 各大さじ1
しょうがのせん切り… 1かけ分	しょうゆ………… 小さじ1
赤唐辛子の輪切り… 1/2本分	└ 塩…………………… 少々

1 キャベツは大きめのざく切りにし、塩をふってしんなりしたら軽く水けを絞る。ボウルに入れてしょうが、赤唐辛子を散らす。
2 小鍋にAを入れて中火にかけて煮立てる。熱いうちに1に回しかけ、さっくりと混ぜ合わせる。

\ ここがヒミツ /
時間をおくと
おかかがしみて
よりおいしく！

\ ここがヒミツ /
簡単変わり漬け。
厚みが半分ほどに
なれば食べごろ！

冷蔵3～4日　冷凍2週間　レンジ解凍　10分

焼きそば風の味つけで簡単ながら人気もの
キャベツのソース炒め

材料（4人分）
キャベツ……………………………… ¼個（250g）
A ┌ 塩・こしょう………………………… 各少々
　└ ウスターソース……………………… 大さじ2
かつお節……………………………… ½パック（2g）
サラダ油……………………………… 大さじ1と½

1 キャベツは大きめのざく切りにする。
2 フライパンにサラダ油を強火で熱し、キャベツを炒める。しんなりしたら、Aを加えて炒め合わせ、かつお節をふって混ぜる。

冷蔵3日　冷凍NG　10分

チーズ入りでサンドイッチの具にもお試しあれ
キャベツとチーズの博多漬け

材料（4人分）
キャベツ……… ¼個（250g）　青じそ……………… 4枚
きゅうり……………… 小1本　スライスチーズ……… 2枚
みょうが……………… 2個　塩………………… 小さじ½

1 キャベツは縦半分に切って芯を除く。きゅうりは半分の長さに切り、さらに縦薄切りにする。みょうがはせん切りにする。
2 バットにキャベツの⅓量を敷いて塩⅓量をふり、上に青じそ、きゅうり、みょうがの半量を広げる。同様にもう1段重ね、チーズ、残りのキャベツをのせ、残りの塩をふる。
3 ラップをかけ、重しをのせて30分おいて切り分ける。

大根

1品の使いきり分量
¼〜½本(¼本約300g)

鮮度の見分け方
カット売りは断面がみずみずしく、すが入っていないものを選んで。

ここがヒミツ
冷凍は煮くずさず早めに火を止めて

\作りおきのヒミツ/
調理の幅が広く、生のサラダ以外は冷凍OKと頼もしい！カット売りの大根は、どちらかといえば下のほうが繊維がかためで保存向きです。

作りおきテク

☑ **乱切り、せん切り、半月切り、輪切りなど、いろんな切り方で！**
切り方で食感も変わり、飽きずに味わえる。

☑ **肉と合わせるなら豚、鶏がおすすめ。**
アクが少なく、いっしょに煮ても大根が黒くならない。

☑ **冷凍する場合は加熱しすぎないように。**
とくに煮ものはややかために。

冷蔵 **4〜5日**　冷凍 **2週間**　レンジ解凍　 25分

大根の甘みにほっこり。澄んだだし汁も魅力
大根のだし煮

材料（4人分）

大根	½本(600g)
A ┌ だし汁	2カップ
├ みりん	大さじ1
├ しょうゆ	小さじ1
└ 塩	小さじ¾

1 大根は2cm厚さの半月切りにする。

2 鍋にAと1を入れてふたをし、中火にかける。煮立ったら弱火にし、やわらかくなるまで15〜20分煮る。

ここがヒミツ
乱切りにすると味もしみやすい！

ここがヒミツ
水けを絞ってからさらに炒めて保存性アップ

冷蔵4〜5日 ／ 冷凍2週間 ／ レンジ解凍 ／ 20分

肉のうまみがよくしみて多めに煮てもペロリ
豚バラ大根

材料（4人分）
大根……………… 1/2本（600g）
豚バラ薄切り肉………… 100g
しょうがの薄切り…… 1/2かけ分
A ┌ だし汁………… 1と1/2カップ
  │ しょうゆ……… 大さじ2と1/2
  │ 酒……………………… 大さじ2
  └ 砂糖………… 大さじ1と1/2

1 大根は乱切りにする。豚肉は3cm幅に切る。
2 鍋にしょうが、A、1を入れてふたをし、中火にかける。煮立ったら弱火にし、15分ほど煮る。

冷蔵3〜4日 ／ 冷凍2週間 ／ レンジ解凍 ／ 15分

ご飯に混ぜるとちらしずし風の味わいにも
炒めなます

材料（4人分）
大根……………… 1/4本（300g）
にんじん……………… 小1/3本
干ししいたけ（水でもどす）… 2枚
油揚げ………………………… 1/2枚
塩……………………… 小さじ1/4
ごま油………………………… 大さじ1
A ┌ 赤唐辛子の輪切り…… 1/2本分
  │ 酢…………………… 大さじ3
  │ 砂糖………… 大さじ1と1/2
  └ 塩……………………… 小さじ1/4

1 大根は太めのせん切りにして塩を混ぜておき、しんなりしたら水けを絞る。にんじんはせん切りに、しいたけは薄切りにする。油揚げは熱湯を回しかけて湯をきり、細切りにする。
2 フライパンにごま油を強火で熱し、にんじん、しいたけを炒める。しんなりしたら、大根、油揚げを加えて炒め、大根に油がまわったら、Aを加えて炒め合わせる。

| 冷蔵4〜5日 | 冷凍2週間 | レンジ解凍 | 15分 |

焼き肉風味の煮汁がしみた大根がおいしい

大根と豚肉の韓国風炒め

材料（4人分）
- 大根……………… 1/4本（300g）
- 豚薄切り肉（ももやロース）
  ……………… 150g
- 塩・こしょう……… 各少々
- 長ねぎ……………… 1/4本
- にんにくのみじん切り… 1/4片分
- A
  - しょうゆ……… 大さじ1と1/2
  - 白すりごま……… 大さじ1
  - 砂糖……………… 小さじ1
- 粉唐辛子（または一味唐辛子）
  ……………… 少々
- ごま油……………… 大さじ1と1/2

1 大根は1cm幅の短冊切りにする。豚肉は1cm幅に切り、塩、こしょうをふり混ぜる。ねぎはみじん切りにする。

2 フライパンにごま油を強火で熱し、豚肉を炒める。肉の色が変わったら、にんにく、ねぎを加えて香りを出し、大根を加えて炒める。しんなりしたらA、唐辛子を加え、汁けがなくなるまで炒め合わせる。

| 冷蔵4〜5日 | 冷凍2週間 | レンジ解凍 | 10分 |

桜えびをカリカリに炒めて香ばしく

大根のねぎ塩炒め

材料（4人分）
- 大根……………… 1/4本（300g）
- 長ねぎ……………… 1/2本
- 桜えび……………… 大さじ2
- しょうがのみじん切り
  ……………… 1/2かけ分
- 塩……………… 小さじ1/4
- こしょう…………… 少々
- ごま油……………… 大さじ1

1 大根は太めのせん切りにする。長ねぎは粗みじん切りにし、桜えびは粗く刻む。

2 フライパンにごま油を強火で熱し、大根を炒める。しんなりしたら、しょうが、ねぎ、桜えびを加えてさらに炒め、塩、こしょうで味をととのえる。

\ ここがヒミツ /
こんがり焼くと冷凍しても形がくずれません

\ ここがヒミツ /
塩もみで水けを出してからあえて

冷蔵4～5日　冷凍2週間　レンジ解凍　20分

やや焦がすくらいに香ばしく焼いて
焼き大根

材料（4人分）
大根‥‥‥‥‥‥‥‥‥‥‥‥‥‥‥‥1/4本（300g）
バター‥‥‥‥‥‥‥‥‥‥‥‥‥‥‥‥‥‥大さじ1
A ┌ しょうゆ‥‥‥‥‥‥‥‥‥‥‥‥‥‥‥小さじ2
　 └ みりん‥‥‥‥‥‥‥‥‥‥‥‥‥‥‥‥小さじ1
かつお節‥‥‥‥‥‥‥‥‥‥‥‥‥‥1/4パック（1g）

1 大根は1cm厚さの輪切りにする。耐熱容器に並べて水大さじ3（分量外）を加えてラップをかけ、電子レンジ（600W）で5分加熱する。そのままさまし、汁けをきる。
2 フライパンにバターを中火で熱し、**1**を並べ入れ、両面をじっくりと焼いて焼き色をつける。**A**を加えてからめ、かつお節をふる。

冷蔵2～3日　冷凍NG　10分

生のパリパリとした歯ざわりを楽しんで
大根とかにかまのサラダ

材料（4人分）
大根‥‥‥‥‥‥‥‥‥‥‥‥‥‥‥‥1/4本（300g）
塩‥‥‥‥‥‥‥‥‥‥‥‥‥‥‥‥‥‥‥小さじ1/4
かに風味かまぼこ‥‥‥‥‥‥‥‥‥‥‥‥‥‥4本
A ┌ マヨネーズ‥‥‥‥‥‥‥‥‥‥‥‥‥‥大さじ4
　 │ プレーンヨーグルト‥‥‥‥‥‥‥‥‥‥大さじ1
　 └ こしょう‥‥‥‥‥‥‥‥‥‥‥‥‥‥‥‥少々

1 大根は太めのせん切りにし、塩をふって軽く混ぜ、しんなりしたら水けを絞る。かにかまは手で太めに裂く。
2 ボウルに**A**を混ぜ合わせ、**1**を加えてあえる。

じゃがいも

1品の使いきり分量
3〜4個（1個約150g）

鮮度の見分け方
皮がなめらかでかたいものが新鮮。芽が出る直前に甘みが増す。

作りおきのヒミツ

じゃがいもは冷凍に弱い野菜。ポテトサラダをはじめ、冷蔵保存で味をなじませるおかずがおすすめ。冷凍したい場合は、ゆでてつぶしましょう。

作りおきテク

☑ **作りたてを半分食べて半分保存がおすすめ。**
じゃがいものホクホク感は、やはり作りたてが一番。保存用はゆですぎないよう時間差加熱を（→P.13）。

☑ **水けが出にくい具を組み合わせ煮ものは汁けをとばす。**
冷蔵が基本。水けを出さないことがおいしさの鍵に。

☑ **冷凍する場合は、ゆでてつぶす。**
マッシュポテトほか、コロッケ（→P.28）も冷凍OK！

ここがヒミツ
水けが出やすいきゅうりは入れず緑はブロッコリーで

冷蔵3日 | **冷凍NG** | 20分

卵入りでリッチに。日持ち優先なら卵なしでもOK

ポテトサラダ

材料（4人分）

じゃがいも	4個（600g）
にんじん	1/3本
ブロッコリー	1/4株
ゆで卵	2個
ハム	3枚
塩・こしょう	各少々

A
- マヨネーズ 大さじ5
- プレーンヨーグルト 大さじ1
- 砂糖 小さじ1/2
- 塩・こしょう 各少々

1 じゃがいもは4つ割りにし、水にさらす。にんじんは8mm角に切る。鍋にじゃがいも、にんじんとかぶるくらいの水を入れ、竹串が通るまで15分ほどゆでる。湯を捨てて中火で鍋を揺すりながら水けをとばす。じゃがいもは粗く割り、塩、こしょうをふってさます。

2 ブロッコリーは小房に分け、熱湯でさっとゆでる。ゆで卵は乱切りに、ハムは1cm幅の短冊切りにする。

3 ボウルに**A**を合わせ、**1**、**2**を加えて混ぜる。

\ ここがヒミツ /
玉ねぎとレモンが
くさみ消しに

\ ここがヒミツ /
焼き目をつけると
香ばしく
形もくずれにくい

冷蔵 3日　冷凍 NG　20分

少しつぶすとタラモサラダで味わえます

明太ポテトサラダ

材料（4人分）

じゃがいも……4個(600g)	A　マヨネーズ……大さじ4
玉ねぎ……1/4個	オリーブ油……小さじ2
塩・こしょう……各少々	こしょう……少々
辛子明太子……40g	
レモンの絞り汁……小さじ1	

1 じゃがいもは4つ割りにし、水にさらす。鍋にじゃがいもとかぶるくらいの水を入れ、竹串が通るまで15分ほどゆで、湯を捨てて中火で鍋を揺すりながら水けをとばす。粗く割り、塩、こしょうをふってさます。

2 玉ねぎは薄切りにし、塩をふってもみ水けを絞る。明太子は皮を除いてほぐし、レモン汁と混ぜる。

3 ボウルにAを合わせ、1、2を加えて混ぜる。

冷蔵 3〜4日　冷凍 NG　15分

アンチョビーとにんにくで簡単イタリアン

じゃがいもとパプリカのアンチョビー炒め

材料（4人分）

じゃがいも……4個(600g)	塩……小さじ1/3
黄パプリカ……1/2個	こしょう……少々
アンチョビー（フィレ）……3枚	オリーブ油……大さじ1と1/2
にんにくのみじん切り……1/2片分	

1 じゃがいも（皮つき）は半分に切る。耐熱のポリ袋に入れ、電子レンジ（600W）で5分加熱し、上下を返して4分加熱する。粗熱がとれたら皮をむき、くし形に切る。

2 パプリカは乱切りに、アンチョビーは細かく刻む。

3 フライパンににんにく、オリーブ油を入れて中火で熱し、香りが出たらパプリカを炒める。じゃがいも、アンチョビーを加えてこんがりと炒め、塩、こしょうで調味する。

97

\ ここがヒミツ /
混ぜながら汁けをとばして形をくずすとおいしい

\ ここがヒミツ /
こすひと手間で断然クリーミーに

冷蔵3〜4日 **冷凍NG** 25分

肉じゃがより簡単でほろっととろける！
じゃがいもと玉ねぎの甘辛煮

材料（4人分）

じゃがいも	4個（600g）
玉ねぎ	½個
A　だし汁	1と¼カップ
砂糖・酒・しょうゆ	各大さじ1
塩	小さじ¼

1 じゃがいもはひと口大に切り、水にさらして水けをきる。玉ねぎは1cm幅のくし形切りにする。

2 鍋に**A**と**1**を入れてふたをし、中火にかける。煮立ったら弱火にし、じゃがいもがやわらかくなるまで15〜20分煮る。ふたを取り、混ぜながら汁けをとばす。

冷蔵3〜4日 **冷凍2週間** **レンジ解凍** 20分

ぽってりとろ〜り。肉料理のつけ合わせにも最適
クリーミーマッシュポテト

材料（4人分）

じゃがいも	4個（600g）
牛乳	1カップ
A　バター	大さじ1
塩	小さじ½
こしょう	少々

1 じゃがいもはひと口大に切り、水にさらす。鍋にじゃがいもとかぶるくらいの水を入れ、竹串が通るまで15分ほどゆでる。熱いうちに、こし器（またはざる）でこす。

2 鍋に**1**と牛乳を入れて混ぜる。**A**を加え、中火にかけながら、ぽってりとするまで木べらで練り合わせる。

\ ここがヒミツ /
さっと火を通して
歯ごたえを残して

\ ここがヒミツ /
つぶして揚げ焼きに。
あんと別にすれば
冷凍もOK

冷蔵 3〜4日 ｜ 冷凍 NG ｜ 15分

ほんのり甘くてさっぱり。箸休めにぴったり

せん切りいもの さっぱり酢炒め

材料（4人分）

じゃがいも ……………………………… 3個（450g）
A ┌ 酢 …………………………………… 大さじ2
　├ 砂糖 ………………………………… 小さじ1
　└ 塩 …………………………………… 小さじ1/3
サラダ油 ………………………………… 大さじ1

1 じゃがいもはせん切りにし、水にさらして水けをきる。
2 フライパンにサラダ油を強火で熱し、じゃがいもを炒める。うっすら透き通ってきたら、Aを加えて炒め合わせる。

冷蔵 3〜4日 ｜ 冷凍 2週間 ｜ レンジ解凍 ｜ 25分

甘辛あんでおやつにも。餅だけ汁ものの具にしても

じゃがいも餅

材料（約20個分）

じゃがいも ……………… 4個（600g）　サラダ油 ……………… 適量
A ┌ 片栗粉 ……………… 大さじ4　　[みたらしあん]
　├ バター ……………… 大さじ1　　B ┌ しょうゆ・砂糖 … 各大さじ2
　├ 塩 ………………… 小さじ1/4　　　└ 水 …………………… 3/4カップ
　└ こしょう …………… 少々　　　　片栗粉 ………………… 小さじ2

1 じゃがいもはひと口大に切り、水にさらす。鍋にかぶるくらいの水と入れて15分ほどゆで、ボウルに入れて熱いうちにつぶす。Aを加えてこね、約20等分にして丸く平らにまとめる。
2 フライパンの5mm深さまでサラダ油を入れて熱し、1を並べ入れる。弱めの中火で両面を揚げ焼きにする。
3 あんを作る。小鍋にBを入れて弱火にかけ、煮立ったら片栗粉を水小さじ4（分量外）で溶いて加えてひと煮立ちさせ、2にかける。

さやいんげん

鮮度の見分け方
緑色が鮮やか。太さが均一で、豆の凹凸があまりないほうが若い。

1品の使いきり分量
2～3袋
(1袋約100g、10～15本)

\ここがヒミツ/
少しかためにゆでしょうゆ洗いで水けを出して

作りおきのヒミツ

冷凍するなら、長めに切って煮ものに。解凍でくたっとする分、よく煮込んだ味わいに。食感を残したいあえものやサラダは、冷蔵がおすすめです。

作りおきテク

☑ **煮ものは長めに切る。**
くたっとしても、おいしく食べられる。

☑ **あえものはしょうゆ洗いで水けを出す。**
ゆでた後、しょうゆを混ぜて水けをきってから、あえごろもと混ぜると保存中に水けが出るのを防げる。

☑ **冷凍する場合は、かために加熱する。**
解凍でやわらかくなるので、かために仕上げて。

冷蔵3日 / 冷凍2週間 / レンジ解凍 / 15分

黒すりごまの香ばしい風味がポイント

いんげんのごまみそあえ

材料(4人分)

さやいんげん	2袋 (200g)
しょうゆ	小さじ1
A 黒すりごま	大さじ1と1/2
砂糖・みそ	各大さじ1
ごま油	小さじ1/2

1 いんげんは熱湯でかためにゆで、3～4cm長さに切る。しょうゆを混ぜ、汁けをきる。

2 ボウルに**A**を混ぜ、**1**を加えてあえる。

100

\ ここがヒミツ /
蒸し焼きで全体に火を通します

\ ここがヒミツ /
肉のうまみが溶けた煮汁もいっしょに保存を

冷蔵3〜4日 | 冷凍2週間 | レンジ解凍 | 15分

ピリ辛のザーサイ風味でお酒のつまみにもいい！

いんげんのザーサイ炒め

材料（4人分）

さやいんげん ……… 3袋（300g）
長ねぎ ……………… ¼本
ザーサイ（味つき）…… 30g
酒 …………………… 大さじ1
A ┌ 豆板醤 …………… 小さじ½
　├ しょうゆ ………… 小さじ2
　└ 塩・こしょう …… 各少々
ごま油 ……………… 大さじ1

1 いんげんは3等分の長さの斜め切りにする。ねぎは斜め薄切りに、ザーサイはせん切りにする。

2 フライパンにごま油を強火で熱し、いんげんを炒める。酒を加えてふたをし、弱火で3分蒸し焼きにする。

3 ふたを取って強火にし、ねぎを加えて炒める。こんがりしたら、ザーサイ、Aを加え、炒め合わせる。

冷蔵3〜4日 | 冷凍2週間 | レンジ解凍 | 20分

肉のうまみを含ませて。しょうがで後味さっぱり

いんげんと豚肉の炒め煮

材料（4人分）

さやいんげん ……… 3袋（300g）
豚切り落とし肉 …… 150g
しょうがのせん切り… ½かけ分
サラダ油 …………… 大さじ1
A ┌ だし汁 …………… ¾カップ
　├ しょうゆ・酒 …… 各大さじ1
　├ 砂糖 …………… 小さじ½
　└ 塩 ……………… 少々

1 豚肉はひと口大に切り、いんげんは長さ半分の斜め切りにする。

2 フライパンにサラダ油を強火で熱し、豚肉を炒める。こんがりしたら、いんげん、しょうがを加えてさらに炒める。Aを加えてふたをし、煮立ったら弱火にして7〜8分煮る。

101

ここがヒミツ
仕上げのおかかで
よりうまみが濃く

ここがヒミツ
1本そのまま煮て
汁けをとばし
しっかり味に

| 冷蔵3～4日 | 冷凍2週間 | レンジ解凍 | 15分 |

シンプルで飽きのこない和風の定番
いんげんの田舎煮

材料（4人分）
さやいんげん………3袋（300g）
油揚げ………………1枚
A ┃ だし汁……………¾カップ
　 ┃ しょうゆ・酒……各大さじ1
　 ┃ 砂糖………………小さじ1
　 ┃ 塩…………………少々
かつお節……………½パック（2g）

1 いんげんは熱湯でかためにゆで、長さを半分に切る。油揚げは2cm幅の短冊切りにする。
2 鍋にAを入れて強火にかけ、煮立ったら1を加えてふたをする。再び煮立ったら弱火にし、7～8分煮る。仕上げにかつお節を混ぜる。

| 冷蔵3～4日 | 冷凍2週間 | レンジ解凍 | 15分 |

トマトのうまみがしみて味わい深い
いんげんとツナのトマト煮

材料（4人分）
さやいんげん………3袋（300g）
にんにくのみじん切り
　　　　　　………½片分
ツナ…………………小1缶（70g）
A ┃ カットトマト缶……150g
　 ┃ 水…………………½カップ
　 ┃ 塩…………………小さじ⅕
　 ┃ こしょう…………少々
オリーブ油…………大さじ1

1 フライパンにオリーブ油を中火で熱し、いんげん、にんにくを入れて、こんがりするまでよく炒める。
2 缶汁をきったツナ、Aを加えてふたをし、煮立ったら弱火にして7～8分煮る。ふたを取って中火にし、汁けがなくなるまで煮る。

ここがヒミツ
水けを出す
しょうゆ洗いの
ひと手間を

ここがヒミツ
かためにゆで
保存で味を
なじませて

冷蔵2日　冷凍NG　15分

練りごまがないときはごま油を少し加えてみて
いんげんのごま白あえ

材料（4人分）
さやいんげん	2袋（200g）
しょうゆ	小さじ1
木綿豆腐	½丁
A 白練りごま	小さじ2
砂糖	小さじ1
塩	小さじ¼

1 豆腐は縦半分に切り、熱湯でゆでて湯をきり、さます。
2 いんげんは熱湯でゆでて湯をきり、3cm長さの斜め切りにし、しょうゆを混ぜて汁けをきる。
3 1をざるでこし、Aと合わせて混ぜる。2を加えてあえる。

冷蔵3日　冷凍2週間　レンジ解凍　15分

オリーブとアンチョビーの南仏風ソースあえ
いんげんのタップナードサラダ

材料（4人分）
さやいんげん	2袋（200g）
アンチョビー（フィレ）	1枚
黒オリーブ	8粒（30g）
A オリーブ油	小さじ2
塩	小さじ⅕
こしょう	少々

1 いんげんは熱湯でかためにゆで、長さを半分に切る。
2 アンチョビー、オリーブは細かくたたく。ボウルに入れ、Aと合わせて混ぜ、いんげんを加えてあえる。

トマト

\ 1品の使いきり分量 /
トマト小4個(約500g)
ミニトマト1パック
(約200g、10〜20個)

\ 鮮度の見分け方 /
真っ赤に熟して丸く張りがあり、へたがピンと張ったものが新鮮。

\ 作りおきのヒミツ /

トマトソースは冷凍もできますが、マリネなどのおかずは冷蔵保存が鉄則。水けが多くやわらかいので、切らずにまるごと使うのがコツです。

作りおきテク

- ☑ **冷蔵保存でおいしくなるマリネやだし煮に。**
  水けが多いので、早く食べきることも大切。

- ☑ **ミニトマトを活躍させて。**
  切らずにすむ分、水っぽくなりにくく、マリネに最適。

- ☑ **煮るなら、まるごと!**
  煮くずれにくく、果汁もキープ。皮を湯むきすると、口あたりがよく見た目もきれい。

\ ここがヒミツ /
楊枝で小さな穴をあけると味がしみやすい!

冷蔵 2〜3日 | **冷凍 NG** | 10分

生バジルでさわやかに。たこやあさりのむき身でも

ミニトマトと いかのハーブマリネ

材料(4人分)

ミニトマト ………… 1パック(200g)
いか(胴) …………… 小1ぱい分
塩 …………………… 小さじ¼
こしょう …………… 少々
バジル(生) ………… 4枚

A ┌ オリーブ油 …… 大さじ1と½
  └ 塩・こしょう ……… 各少々

1 ミニトマトは楊枝などで数か所、穴をあける。いかは皮をむいて熱湯でさっとゆで、5mm幅の輪切りにし、塩、こしょうをふる。

2 ボウルにバジルをちぎり入れ、Aと混ぜる。1を加えてあえる。

\ ここがヒミツ /
楊枝で穴をあけて。
はちみつを加えて
ほんのり甘く

\ ここがヒミツ /
ごろんとまるごと。
皮の湯むきで
よりおいしく

冷蔵 3日 **冷凍 NG** 10分

フルーティーな甘酸っぱさを楽しんで
ミニトマトの はちみつレモンマリネ

材料（4人分）
ミニトマト‥‥‥‥‥‥‥‥‥‥‥‥‥‥‥‥1パック（200g）
レモンの薄切り‥‥‥‥‥‥‥‥‥‥‥‥‥‥‥‥‥‥4枚
レモンの絞り汁‥‥‥‥‥‥‥‥‥‥‥‥‥‥‥‥‥大さじ1
はちみつ‥‥‥‥‥‥‥‥‥‥‥‥‥‥‥‥‥‥大さじ1と½

1 ミニトマトは楊枝などで数か所、穴をあける。レモンは半分に切る。

2 ボウルにレモン汁、はちみつを合わせて混ぜ、1を加えてあえる。

冷蔵 3日 **冷凍 NG** 15分

箸で切れるとろり感が絶品
トマトのだし煮

材料（4人分）
トマト‥‥‥‥‥‥‥‥‥‥‥‥‥‥‥‥‥‥‥小4個（500g）
A ┌ だし汁‥‥‥‥‥‥‥‥‥‥‥‥‥‥‥‥‥‥‥‥2カップ
  │ しょうゆ‥‥‥‥‥‥‥‥‥‥‥‥‥‥‥‥‥‥小さじ1と½
  │ みりん‥‥‥‥‥‥‥‥‥‥‥‥‥‥‥‥‥‥‥‥小さじ1
  └ 塩‥‥‥‥‥‥‥‥‥‥‥‥‥‥‥‥‥‥‥‥‥‥小さじ¼

1 トマトは包丁でへたをくりぬき、皮を湯むきする。

2 鍋にAを入れて強火にかける。煮立ったらトマトを加え、弱火にして3分ほどさっと煮て火を止め、そのまさます。

セロリ

1品の使いきり分量
2〜3本(1本約100g)

鮮度の見分け方
茎が肉厚で筋がくっきりしている。葉はシャキッとしているものを。

作りおきのヒミツ

水分は多くても、繊維がかたく冷凍しても形がくずれにくいメリットが。香味野菜なので葉も使いこなして、さわやかな風味を生かしましょう。

作りおきテク

- ☑ **茎は筋を取り、大きめに切る。**
  サクサク感が残せる。筋を取ると口あたりもいい。

- ☑ **炒めものやマリネなどで葉も使いきる。**
  葉はざく切りにして香りを出して。

- ☑ **煮ものはしっかり煮て味をよく含ませて。**
  冷凍しても形がくずれにくいので、しっかり煮てもOK。

ここがヒミツ
葉も炒め合わせ香りのいいふりかけ風に

冷蔵4〜5日 ／ 冷凍2週間 ／ レンジ解凍 ／ 10分

ほろ苦くて風味豊か。お茶漬けにもおすすめ

セロリのじゃこ炒め

材料（4人分）
- セロリ（葉つき）……… 2本 (200g)
- ちりめんじゃこ ……………… 20g
- A ｢みりん ……………… 小さじ1
  　しょうゆ …………… 小さじ1
  　塩 …………………… 少々｣
- 白いりごま …………… 小さじ2
- ごま油 ………………… 大さじ1

1 セロリは筋を取って茎を5mm幅に切り、葉は食べやすく刻む。じゃこは熱湯を回しかけ、湯をきる。

2 フライパンにごま油を中火で熱し、じゃこを炒める。カリカリになったらセロリの茎を加えて炒め、**A**、葉を加えてさらに炒め合わせ、ごまをふって混ぜる。

ここがヒミツ
大きく斜めに切り
サクサク感を残して

ここがヒミツ
厚めに切って
葉もいっしょに
炒めて使いきり

冷蔵 4～5日 ／ 冷凍 2週間 ／ レンジ解凍 ／ 10分

ほんのりカレー風味。レモン汁で後味さっぱり
セロリとにんじんの炒めサラダ

材料（4人分）
- セロリ……………………2本（200g）
- にんじん………………………½本
- A
  - カレー粉…………………少々
  - レモンの絞り汁………小さじ2
  - 塩………………………小さじ⅓
  - こしょう…………………少々
  - 砂糖……………………2つまみ
- オリーブ油……………………大さじ1

1 セロリは筋を取って5cm長さの斜め切りにする。にんじんは5cm長さの太めのせん切りにする。

2 フライパンにオリーブ油を強火で熱し、**1**を入れて炒める。しんなりしたら、**A**を加えて炒め合わせる。

冷蔵 4～5日 ／ 冷凍 2週間 ／ レンジ解凍 ／ 10分

セロリとよく合うナンプラーで風味づけ
セロリとソーセージのエスニック炒め

材料（4人分）
- セロリ（葉つき）………………2本（200g）
- ソーセージ………………………3本
- 赤唐辛子の輪切り……………½本分
- A
  - ナンプラー………………小さじ2
  - こしょう…………………少々
- サラダ油……………………大さじ1

1 セロリは筋を取って茎を4～5cm長さの斜め切りにし、葉は食べやすい大きさに切る。ソーセージは縦薄切りにする。

2 フライパンにサラダ油を中火で熱し、ソーセージを炒める。セロリ、唐辛子を加えてさらに炒め、しんなりしたら**A**を加えて炒め合わせる。

\ ここがヒミツ /
塩をふって水けを出して。葉っぱがハーブがわりに！

\ ここがヒミツ /
うまみが溶けた煮汁ごと保存を

| 冷蔵2～3日 | 冷凍NG | 10分 |

にんにくオイルがけで風味のよさ抜群！
セロリとたこのマリネ

材料（4人分）

セロリ（葉つき）	2本（200g）
ゆでたこ（足）	150g
トマト	½個
A ┌ にんにくのみじん切り	½片分
└ オリーブ油	大さじ2
塩・こしょう	各適量

1 セロリは筋を取って茎を縦半分にして2cm長さに切り、塩少々をふってしばらくおき、水けをきる。葉は粗く刻む。トマトは1cm角に切り、たこは乱切りにする。

2 1のセロリの葉以外をボウルに入れる。

3 小さめのフライパンにAを入れて弱火にかけ、にんにくがきつね色になったら2にかけて混ぜる。セロリの葉を加え、塩、こしょうで味をととのえる。

| 冷蔵4～5日 | 冷凍2週間 | レンジ解凍 | 15分 |

うまみ野菜のセロリのおいしさを堪能
セロリのポトフ

材料（4人分）

セロリ	3本（300g）
厚切りベーコン	50g
A ┌ 固形コンソメスープの素	½個
└ 水	1と½カップ
塩・こしょう	各適量

1 セロリは筋を取って5cm長さに切る。ベーコンは5mm角の拍子木切りにする。

2 鍋に1、Aを入れてふたをして、強火にかける。煮立ったら弱火にして10分煮て、塩、こしょうで味をととのえる。

\ ここがヒミツ /
乱切りにして春のふきを思わせる和風煮ものに

\ ここがヒミツ /
水けをよくきると味もしっかりからみます

冷蔵4〜5日　冷凍2週間　レンジ解凍　15分

さわやかな風味を生かす薄味に
セロリの土佐煮

材料（4人分）

セロリ	3本（300g）
A　かつお節	½パック（2g）
水	¾カップ
酒	大さじ1
しょうゆ	小さじ2
砂糖	小さじ1

 セロリは筋を取って3cm長さの乱切りにする。

2　鍋にAを入れて中火にかけ、煮立ったらセロリを加えてふたをする。再び煮立ったら弱火にし、10分ほど煮る。

冷蔵3日　冷凍NG　10分

まったりクリームチーズのコクがたまらない
セロリとくるみのクリームチーズサラダ

材料（4人分）

セロリ	2本（200g）
くるみ（からいりする）	20g
クリームチーズ（室温にもどす）	30g
塩	少々
マヨネーズ	大さじ1
こしょう	少々

 セロリは筋を取って5cm長さの拍子木切りにし、塩をふってしばらくおき、水けをきる。くるみは粗く刻む。

2　ボウルにクリームチーズ、マヨネーズを混ぜ合わせ、1、こしょうを加えて混ぜる。

きゅうり

1品の使いきり分量
2〜3本（1本約100g）

鮮度の見分け方
重みと張りがあり、新鮮なものは表面の白いトゲがとがっている。

作りおきのヒミツ
きゅうりは水分が多いため、冷凍には不向き。汁ごと保存する漬けものや炒めものにして冷蔵して、歯ざわりがあるうちに食べきりましょう。

作りおきテク

☑ **ごろごろ大きく切る。**
水けが出ないよう、大きめに切って。作りおきには、あえものや酢のものよりも、漬けものがおすすめ。大きく切って保存でおいしく漬かる。

☑ **温かいおかずなら炒めものに**
さっと炒めると甘みが出て、歯ざわりも残せる。

ここがヒミツ
ピクルス液ごとレンジ加熱すると漬かりも早い

冷蔵 4〜5日 ／ 冷凍 NG ／ 5分

野菜は好みの根菜やセロリに替えてもOK
きゅうりのピクルス

材料（4人分）

きゅうり	3本（300g）
塩	小さじ1/5
A 水	1カップ
酢	大さじ5
砂糖	大さじ3
塩	小さじ1/3
B ローリエ	1枚
赤唐辛子	1/2本
しょうがの薄切り	2枚

1 きゅうりはひと口大に切り、塩をふってしばらくおき、水けをきる。

2 耐熱容器にAを入れて、塩と砂糖を混ぜ溶かす。1、Bを加え、上面に落としぶたのようにラップを密着させ、電子レンジ（600W）で1分加熱し、そのままおいてさます。

\ ここがヒミツ /
大きくまるごと！
ポリ袋で漬けると
手間いらず

\ ここがヒミツ /
せん切りにせず
斜めに切って
さっと炒めて

| 冷蔵 4〜5日 | 冷凍 NG | 5分 |

お祭り風に割り箸などに刺しても楽しい
きゅうりのまる漬け

材料（4人分）

きゅうり	3本(300g)
水	1カップ
塩	小さじ1
A　だし昆布	5cm
みりん	小さじ1
しょうゆ	小さじ½

1 きゅうりは長さを半分に切る。
2 水に塩を入れて混ぜ溶かし、Aとともにポリ袋に入れる。きゅうりを加え、空気を抜いて口をしばり、半日以上漬ける。

| 冷蔵 3〜4日 | 冷凍 NG | 8分 |

山椒がさわやか。炒めると甘みが出て色も鮮やかに
きゅうりと牛肉の山椒炒め

材料（4人分）

きゅうり	2本(200g)
牛切り落とし肉	100g
塩・こしょう	各少々
A　しょうゆ・みりん	各小さじ2
粉山椒	少々
ごま油	小さじ2

1 きゅうりは縦半分に切って、斜め薄切りにする。牛肉はひと口大に切り、塩、こしょうをふる。
2 フライパンにごま油を強火で熱し、牛肉をほぐしながら炒める。色が変わったら、きゅうりを加えてさっと炒め、Aを加えて混ぜる。

111

アスパラガス

1品の使いきり分量
2束(約200g、6〜8本)

鮮度の見分け方
穂がかたく詰まり、茎に張りがある。太さが均一なものが良質。

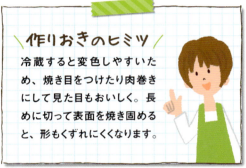

\ 作りおきのヒミツ /
冷蔵すると変色しやすいため、焼き目をつけたり肉巻きにして見た目もおいしく。長めに切って表面を焼き固めると、形もくずれにくくなります。

作りおきテク

☑ **ゆでるよりもこんがり焼くのがおすすめ。**
香ばしさに加え、焼き色をつけることで、保存で変色しても見た目のおいしさをキープ。

☑ **いつもより長めに切る。**
形がきれいに残りやすい。

☑ **保存でうまみをしみ込ませる。**
肉やチーズ、かつお節など、うまみ食材を合わせて。

\ ここがヒミツ /
肉を全体に巻いて転がしながら焼き目をつけて

冷蔵 **3〜4日**　冷凍 **2週間**　レンジ解凍　 10分

野菜もとれるお弁当に人気の肉おかず
アスパラの肉巻き

材料（4人分）

アスパラガス	2束(6本)
豚薄切り肉(ももやロース)	6枚(200g)
塩・こしょう	各少々
オリーブ油	小さじ1

1 豚肉に塩、こしょうをふる。豚肉1枚を広げ、アスパラガス1本の根元から穂の下まで、くるくると巻きつける。同様にすべて巻く。

2 フライパンにオリーブ油を中火で熱し、巻き終わりを下にして入れ、転がしながら焼く。焼き色がついたらふたをして弱火にし、2〜3分蒸し焼きにする。食べるときは半分に切り、好みで辛子じょうゆを添える。

\ ここがヒミツ /
香ばしさが持ち味。
食べるときは
トースターで再加熱を

\ ここがヒミツ /
かつお節を混ぜて
うまみをプラス

| 冷蔵3〜4日 | 冷凍2週間 | レンジ解凍+トースター | 10分 |

切ってトースターで焼くだけだから簡単！
アスパラのチーズ焼き

材料（4人分）
アスパラガス……………………………2束（200g）
塩・こしょう……………………………各少々
オリーブ油………………………………小さじ1
粉チーズ…………………………………大さじ1

1 アスパラガスは3〜4cm長さに切る。
2 アルミホイルを敷いた天板にアスパラガスを並べ、塩、こしょう、オリーブ油をまぶす。チーズをふり、オーブントースターで7〜8分焼く。

| 冷蔵3〜4日 | 冷凍2週間 | レンジ解凍 | 10分 |

保存でだしがしみてよりおいしく
アスパラの焼きびたし

材料（4人分）
アスパラガス……………………………2束（200g）
A ┌ だし汁……………………………½カップ
　├ みりん……………………………小さじ1
　└ しょうゆ…………………………小さじ1と½
かつお節…………………………………¼パック（1g）

1 耐熱容器にAを合わせ、ラップをかけずに電子レンジ（600W）で1分30秒加熱する。
2 アスパラガスは魚焼きグリルでこんがり焼き色をつけ、3〜4cm長さに切る。熱いうちに1に入れ、かつお節を混ぜる。

白菜

1品の使いきり分量
⅛〜¼個
(¼個約400g)

\ 鮮度の見分け方 /
葉がみっしりと詰まり、根元の切り口が白く平らなものが新鮮。

\ 作りおきのヒミツ /
冷凍するなら、白菜のとろり感と甘みを味わう煮ものに。解凍でやわらかくなってもおいしく食べられます。炒めものもとろみあんをからめて。

\ 作りおきテク /

☑ **軸と葉を分け、大きくざく切りに。**
重ね煮以外は、軸、葉の順に加熱して火の通りを均一に。大きく切ると、くたっとしても食べごたえが。

☑ **煮ものは大きめの鍋でたっぷりと。**
量が多いとかさばるが、たっぷり煮るほうが白菜の水けが出て早く煮え、うまみも濃くなる。

\ ここがヒミツ /
ぎっしり詰まるサイズの鍋で煮て味をしみ込ませて

冷蔵4〜5日　冷凍2週間　レンジ解凍　20分

豚バラのうまみがしみてかさがあってもペロリ
白菜と豚バラの重ね煮

材料（4人分）
白菜　　　　　　　　　¼個（400g）
豚バラ薄切り肉　　　　200g
塩・こしょう　　　　　各少々
A ┌ だし汁　　　　　　1と½カップ
　│ 酒　　　　　　　　大さじ2
　└ 塩　　　　　　　　小さじ½
しょうがのせん切り…½かけ分

1 豚肉に塩、こしょうをふり、白菜の葉と葉の間に均等にはさみ入れる。5cm幅に切り分け、切り口を上にして鍋（直径約18cm）に詰める。

2 Aを加えてしょうがを散らし、ふたをして火にかけ、煮立ったら弱火にして15分ほど煮る。

\ ここがヒミツ /
白菜とともに鶏肉も
そぎ切りにして
火の通りをよく

\ ここがヒミツ /
大きく切り
とろみをつけて
味のからみをよく

冷蔵3〜4日　冷凍2週間　レンジ解凍　20分

とろとろのやわらかな食感がたまらない
白菜と鶏のクリーム煮

材料（4人分）

白菜	1/4個（400g）
鶏胸肉	200g
塩・こしょう	各少々
牛乳・生クリーム	各1/2カップ

A ┌ 酒 …………………… 大さじ2
　├ 中華スープの素 … 小さじ1/2
　├ 水 …………………… 1/2カップ
　├ 塩 …………………… 小さじ1/3
　└ こしょう …………… 少々

片栗粉 ………………… 小さじ2
サラダ油 ……………… 小さじ2

1 白菜は軸を大きめのそぎ切りに、葉はざく切りにする。鶏肉はひと口大にそぎ切りにし、塩、こしょうをふる。

2 フライパンにサラダ油を中火で熱し、鶏肉を炒める。色が変わったら白菜の軸を加えてさっと炒め、葉と**A**を加えてふたをする。煮立ったら弱火にし、10分ほど煮て牛乳、生クリームを加える。再び煮立ったら、片栗粉を水小さじ4（分量外）で溶いて混ぜ、ひと煮立ちさせる。

冷蔵3〜4日　冷凍2週間　レンジ解凍　15分

肉汁の溶けた甘酸っぱいソースで箸がすすむ！
白菜と牛肉の甘酢炒め

材料（4人分）

白菜	1/4個（400g）
牛切り落とし肉	150g

A ┌ 酒・片栗粉 …… 各小さじ1
　└ 塩・こしょう …… 各少々

しょうがの薄切り … 1/2かけ分
長ねぎの斜め薄切り … 1/4本分

B ┌ トマトケチャップ … 大さじ2
　├ しょうゆ …………… 小さじ4
　├ 酢 …………………… 小さじ2
　└ 砂糖 ………………… 大さじ1

片栗粉 ………………… 大さじ1/2
サラダ油 ……………… 大さじ1と1/2
ごま油 ………………… 大さじ1/2

1 白菜は軸を大きめのそぎ切りに、葉はざく切りにする。牛肉はひと口大に切り、**A**を混ぜる。

2 フライパンにサラダ油大さじ1を強火で熱し、白菜を軸、葉の順に入れてさっと炒め、取り出す。残りのサラダ油を熱して牛肉を炒め、色が変わったらしょうが、ねぎを炒め合わせる。**B**を加えて炒め、白菜を戻し入れる。片栗粉を水大さじ1（分量外）で溶いて混ぜ、とろみが出たらごま油を回しかける。

ここがヒミツ
塩もみして水けを絞れば生サラダにも！

ここがヒミツ
帆立あんで白菜のとろり感をキープ

冷蔵2〜3日　冷凍NG　10分

辛子の隠し味でピリッと味が締まります
白菜のサラダ

材料（4人分）

白菜	1/8個（200g）
ハム	3枚
塩	小さじ1/4

A ┌ サラダ油 … 大さじ1と1/2
　├ 酢 … 小さじ2
　├ しょうゆ … 小さじ1/2
　├ 塩 … 小さじ1/4
　└ 練り辛子 … 小さじ1/4

1 <u>白菜は軸を太めのせん切りに、葉はざく切りにし、塩をふって混ぜしんなりしたら水けを絞る。</u>ハムは細切りにする。

2 ボウルにAを合わせて混ぜ、1を加えてあえる。

冷蔵3〜4日　冷凍2週間　レンジ解凍　15分

あっさり塩味で甘みとうまみが際立ちます
白菜と帆立のとろり煮

材料（4人分）

白菜	1/4個（400g）
帆立水煮缶	小1缶（70g）

A ┌ だし汁 … 1カップ
　├ みりん … 小さじ2
　└ 塩 … 小さじ3/4

片栗粉 … 大さじ1

1 <u>白菜は軸を大きめの短冊切りに、葉はざく切りにする。</u>

2 鍋にAを入れて火にかけ、煮立ったら白菜、帆立を入れてふたをする。再び煮立ったら弱火にし、10分ほど煮る。片栗粉を水大さじ2（分量外）で溶いて混ぜ、ひと煮立ちさせる。

116

＼ ここがヒミツ ／
大きくざく切りに。
練りものと煮て
食べごたえアップ

＼ ここがヒミツ ／
塩もみで余分な
水けを絞って

冷蔵 **4～5日**　冷凍 **2週間**　レンジ解凍　 15分

シンプルで白菜の甘みがよくわかる！
白菜とさつま揚げの煮びたし

材料（4人分）

白菜	¼個（400g）
さつま揚げ	2枚
A だし汁	1と½カップ
酒	大さじ1
砂糖・しょうゆ	各小さじ2
塩	小さじ¾

1 白菜は軸を大きめの短冊切りに、葉はざく切りにする。さつま揚げは熱湯を回しかけて湯をきり、1cm幅に切る。

2 鍋にAを入れて強火にかけ、1を加えてふたをする。煮立ったら弱火にし、10分ほど煮る。

冷蔵 **4～5日**　冷凍 **NG**　 15分

辛みはごくほのか。漬け汁ごと味わって
水キムチ

材料（4人分）

白菜	⅛個（200g）
りんご	⅛個
塩	小さじ¼
A 砂糖	小さじ1
塩	小さじ½
水	3カップ
B にんにくの薄切り	½片分
しょうがの薄切り	½かけ分
赤唐辛子の輪切り	½本分
レモンの薄切り	1枚
酢	大さじ1と½
松の実（からいりする）	小さじ2

1 白菜はざく切りにし、塩をふって混ぜしんなりしたら水けを絞る。りんごはいちょう切りにする。

2 保存容器にAを入れて、砂糖と塩を溶き混ぜる。B、1を加えてさっくりと混ぜ、半日以上漬ける。

117

かぶ

1品の使いきり分量
3〜5個（実1個約80g）

鮮度の見分け方
葉の緑色が鮮やかでシャキッとしている。実はずっしり重いものを。

作りおきのヒミツ

やわらかく火が通りやすいので、とくに冷凍する場合は加熱しすぎないようご用心。かぶは葉もやわらか。青菜として使って食べきりましょう。

作りおきテク

☑ **葉も加えて彩りアップ。**
炒めものやあえものに加えて使いきりを。

☑ **煮ものは角が残るくらいで火を止める。**
とくに冷凍する場合、煮すぎると実がくずれやすくなるので、早めに火を止めて。

☑ **生サラダなら冷凍もしやすい！**
かぶは火が通りやすいため、かたい生のほうがじつは冷凍向き。実がくずれにくく、食感も保てる。

118

ここがヒミツ
実を厚めに切ると火が通りすぎずほどよいかたさに

冷蔵3〜4日　冷凍2週間　レンジ解凍　10分

炒めるとマヨの酸味がまろやかに
かぶのマヨ炒め

材料（4人分）
かぶ	5個（400g）
かぶの葉	80g
マヨネーズ	大さじ2
しょうゆ	小さじ1
塩・こしょう	各少々

1 かぶは5mm幅の薄切りにし、葉は3cm長さに切る。

2 フライパンにマヨネーズを入れて中火にかけ、かぶを葉、実の順に加えて炒める。透き通ってきたら、しょうゆ、塩、こしょうを混ぜ合わせる。

\ ここがヒミツ /
焼き目をつけると香ばしく水けも防げます

\ ここがヒミツ /
角が残る程度に煮て保存でやわらかに

冷蔵3〜4日　冷凍NG　10分

シンプルな塩味でかぶの甘みを引き出して
焼きかぶ

材料（4人分）

かぶ･････････････････3個（240g）
塩･････････････････････････適量
オリーブ油･･････････････････小さじ1

1 かぶは茎を2〜3cm残してくし形に切る。
2 フライパンにオリーブ油を熱し、かぶを入れて弱火でときどき返しながら焼き色がつくまで焼き、塩をふる。

冷蔵3〜4日　冷凍2週間　レンジ解凍　15分

ミルクがとろりとした甘みを引き立てます
かぶのミルク煮

材料（4人分）

かぶ･･････････5個（400g）　牛乳･････････････¾カップ
A ┌ 固形コンソメスープの素････½個　塩・こしょう･････各少々
　│ 水･････････････½カップ　小麦粉・バター･･････各大さじ1
　└ ローリエ･････････････½枚

1 かぶは4つ割りに切る。
2 鍋に**A**、**1**を入れてふたをし、強火にかける。煮立ったら弱火にして8分ほど煮て、牛乳、塩、こしょうを加える。
3 耐熱容器に小麦粉、バターを入れ、ラップをかけずに電子レンジ（600W）で20秒加熱する。**2**の煮汁を少量加えて溶き、**2**の鍋に加えて混ぜ、ひと煮立ちさせる。

> ここがヒミツ
> 水けをよく絞って。
> 味もしみやすく
> うまみが濃厚に

> ここがヒミツ
> 肉のうまみで
> 葉もしっかり
> 夕食の一品に

冷蔵4〜5日　冷凍NG　10分

たらこをいかの塩辛に替えてもおいしい
かぶとたらこの
キムチ風

材料（4人分）

かぶ‥‥‥‥‥‥‥5個（400g）
かぶの葉‥‥‥‥‥‥‥80g
たらこ‥‥‥‥‥‥‥‥40g
塩‥‥‥‥‥‥‥‥小さじ1

A［ にんにくのみじん切り
　　‥‥‥‥‥‥‥½片分
　　粉唐辛子‥‥‥‥小さじ2
　　（または一味唐辛子 少々）
　　しょうが汁・砂糖
　　‥‥‥‥‥‥‥各小さじ1 ］

1 かぶは1cm幅のくし形切りに、葉は3cm長さに切る。合わせて塩をふって混ぜ、しんなりしたら水けを絞る。
2 たらこは薄皮を除いてほぐし、ボウルに入れてA、1を加えて混ぜ合わせる。

冷蔵3〜4日　冷凍2週間　レンジ解凍　10分

葉っぱのほろ苦さが味わい深い
かぶの葉のそぼろ炒め

材料（4人分）

かぶの葉‥‥‥‥‥‥‥400g
かぶ‥‥‥‥‥‥‥1個（80g）
豚ひき肉‥‥‥‥‥‥‥100g

A［ しょうゆ‥‥‥大さじ1と½
　　砂糖‥‥‥‥‥‥小さじ1
　　七味唐辛子‥‥‥‥少々 ］
ごま油‥‥‥‥‥‥大さじ1

1 かぶの葉は3cm長さに刻み、かぶはいちょう切りにする。
2 フライパンにごま油を中火で熱し、ひき肉を炒める。ぽろぽろになったらかぶを実、葉の順に加えて炒め、Aを加えて炒め合わせる。

\ ここがヒミツ /
とろみあんで
おいしさ長持ち

\ ここがヒミツ /
生の薄切りで
パリパリ！
冷凍にも◎です

| 冷蔵3〜4日 | 冷凍2週間 | レンジ解凍 | 15分 |

えびはたたいてとろみあんになじませて
かぶとえびのあんかけ

材料（4人分）

かぶ …………… 5個（400g）
えび …………… 5尾
しょうが汁 …………… 小さじ½
A ┌ だし汁 …………… 1カップ
　├ みりん …………… 小さじ2
　├ しょうゆ …………… 小さじ1
　└ 塩 …………… 小さじ⅓
片栗粉 …………… 大さじ1

1 かぶは4つ割りに切る。えびは背わたを除いて殻をむき、細かくたたいてしょうが汁を混ぜる。

2 鍋にAとかぶを入れ、ふたをして強火にかける。煮立ったら弱火にして8分ほど煮て、かぶがやわらかくなったらえびを加え、さっと煮る。片栗粉を水大さじ2（分量外）で溶いて混ぜ、<u>ひと煮立ちさせとろみをつける</u>。

| 冷蔵2〜3日 | 冷凍2週間 | レンジ解凍 | 10分 |

ベーコンをカリカリに炒めて香ばしく！
かぶとベーコンのサラダ

材料（4人分）

かぶ …………… 3個（240g）
厚切りベーコン …………… 60g
塩 …………… 小さじ¼
A ┌ サラダ油 …………… 大さじ1
　├ 酢 …………… 小さじ2
　├ 塩 …………… 小さじ⅕
　└ こしょう …………… 少々
サラダ油 …………… 小さじ1

1 <u>かぶは薄切りにし、塩をふってしんなりしたら水けを絞る</u>。

2 ベーコンは5mm角の拍子木切りにする。フライパンにサラダ油を中火で熱し、ベーコンをこんがりと炒める。

3 ボウルにAを混ぜ合わせ、1、2を加えてさっくりと混ぜる。

121

さつまいも

> 1品の使いきり分量
> 小3本・大1本(約400g)

> 鮮度の見分け方
> 皮の色が鮮やか。古くなると皮の色がくすみ、ひげがかたくなる。

作りおきのヒミツ
さつまいもは繊維と糖分が多く、じゃがいもと違って冷凍もOK。解凍してもくずれにくいので、しっかり加熱して甘みを生かしたおかずに!

作りおきテク

☑ **皮つきのまま大きめに切る。**
煮くずれにくく、色もきれいに仕上がる。

☑ **煮くずれない程度にしっかり加熱する。**
さつまいもはよく加熱することで、甘みやホクホク感が出る。しっかりおいしさを引き出して保存を。

> ここがヒミツ
> 小さめのいもが煮くずれにくくうってつけ

| 冷蔵4〜5日 | 冷凍2週間 | レンジ解凍 | 20分 |

おかずになるすっきりとした甘さ!
さつまいもの
はちみつレモン煮

材料(4人分)

さつまいも ……………………………… 小3本(400g)
レモンの薄切り ………………………………… 3枚
A ┌ はちみつ ……………………………… 大さじ1と½
  │ 塩 ………………………………………… 小さじ⅙
  └ 水 …………………………………………… ¾カップ

1 さつまいもは1.5cm厚さの輪切りにし、水にさらして水けをきる。レモンはいちょう切りにする。
2 鍋にA、1を入れてふたをし、強火にかける。煮立ったら弱火にし、15分ほど煮る。

ここがヒミツ
レンジで蒸して大きめの乱切りに。揚げるより簡単

ここがヒミツ
大きく切ると煮汁もよくしみておいしさ倍増

冷蔵 4〜5日　冷凍 2週間　レンジ解凍　 15分

香ばしいしょうゆ風味で食事の箸休めにも
焼き大学いも

材料（4人分）

さつまいも	大1本（400g）
A 砂糖・はちみつ	各大さじ1
しょうゆ	小さじ1
水	大さじ3
黒いりごま	少々
サラダ油	大さじ1

1 さつまいもは半分に切り、耐熱のポリ袋に入れて電子レンジ（600W）で3分加熱し、上下を返して2分加熱する。粗熱がとれたら大きめの乱切りにする。
2 フライパンにサラダ油を中火で熱して1を入れ、両面をきつね色に焼いて取り出す。フライパンにAを合わせて煮立て、さつまいもを戻し入れてからめ、ごまを混ぜる。

冷蔵 4〜5日　冷凍 2週間　レンジ解凍　 20分

甘くてもピリ辛でご飯に合います
さつまいもの麻婆煮

材料（4人分）

さつまいも	大1本（400g）	豆板醤	小さじ½
豚ひき肉	150g	B しょうゆ・酒	各大さじ1
A にんにくのみじん切り	½片分	水	½カップ
長ねぎのみじん切り	¼本分	ごま油	大さじ1

1 さつまいもは大きめの乱切りにする。
2 フライパンにごま油を中火で熱し、1を焼く。焼き色がついたら、ひき肉とAを加えて炒め、豆板醤を炒め合わせる。Bを加えてふたをし、煮立ったら弱火にして15分ほど煮る。

長いも

1品の使いきり分量
10cm分（約300g）

鮮度の見分け方
皮がきれいな肌色で、ひげが細い。切り口は白く、みずみずしい。

＼作りおきのヒミツ／

長いもは生で冷凍もできる頼もしい野菜。山いもと違い、切るだけでサクサク、焼いても煮ても食感が楽しめるのでいろんな調理法で味わって！

作りおきテク

☑ **煮る、焼く、生で漬けるなどシンプルに調理する。**
そもそも冷凍もしやすい素材。切って炒めるだけなど、簡単な調理で素材の持ち味を生かして。

☑ **大きめ、太め、厚めに切る。**
保存してもサクサク感を残せる。

☑ **漬けものも定番に！**
生の漬けものも冷凍OK。常備菜に役立てて。

＼ここがヒミツ／
ごろっと乱切りに。肉のうまみもよくしみ込みます

冷蔵 **4～5日** ｜ 冷凍 **2週間** ｜ レンジ解凍 ｜ **20**分

肉のうまみが溶けた煮汁もとろりとしておいしい
長いもと牛肉の炒め煮

材料（4人分）

長いも	10cm分（300g）
牛切り落とし肉	150g
A だし汁	3/4カップ
酒・しょうゆ	各大さじ1
砂糖	小さじ2
塩	少々
ごま油	大さじ1

1 長いもは乱切りにし、牛肉はひと口大に切る。
2 フライパンにごま油を強火で熱し、牛肉を炒める。肉の色が変わったら、長いもを炒め合わせ、Aを加えてふたをする。煮立ったら弱火にし、15分ほど煮る。

\ ここがヒミツ /
太めに切って
さっと炒めるだけ！

\ ここがヒミツ /
煮すぎないことで
サクサクとホクホクの
両方が味わえます

冷蔵3〜4日　冷凍2週間　レンジ解凍　10分

青のりとバターの風味でスナック感覚
長いものガーリックバター炒め

材料（4人分）

長いも	10cm分（300g）
バター	大さじ1と1/2
にんにくのみじん切り	1/2片分
塩	小さじ1/3
こしょう	少々
青のり	適量

1 長いもは1cm角の拍子木切りにする。
2 フライパンにバターを中火で熱し、にんにくを入れて炒める。香りが出たら、強火にして長いもを加えてさっと炒め、塩、こしょうをふる。仕上げに青のりをふり、さっと炒め合わせる。

冷蔵4〜5日　冷凍2週間　レンジ解凍　20分

塩でさっぱり。きれいな白さも味わい
長いもの白煮

材料（4人分）

長いも	10cm分（300g）
A　だし汁	3/4カップ
みりん	小さじ2
塩	小さじ1/3

1 長いもは長さを3等分し、4つ割りに切る。
2 鍋に1とAを入れ、ふたをして火にかける。煮立ったら弱火にして15分ほど煮る。

125

\ ここがヒミツ /
厚めの輪切りで
こんがりきつね色に

\ ここがヒミツ /
太めに切れば
冷凍してもサクサク！

冷蔵4～5日 ｜ 冷凍2週間 ｜ レンジ解凍 ｜ 10分

焦がししょうゆ風味でおつまみにもぴったり
長いもの照り焼き

材料（4人分）

長いも	10cm分（300g）
しょうゆ・みりん	各小さじ2
サラダ油	小さじ1

1 長いもは1cm厚さの輪切りにし、ぬめりをペーパータオルで軽く拭く。

2 フライパンにサラダ油を熱し、長いもを並べ入れ、弱めの中火で両面をきつね色になるまで焼く。しょうゆ、みりんを混ぜて加え、からめながらさっと焼く。

冷蔵3日 ｜ 冷凍2週間 ｜ レンジ解凍 ｜ 5分

甘酸っぱい梅でほんのりピンク色に
長いもの梅酢漬け

材料（4人分）

長いも	10cm分（300g）
梅干し	大1個
A 酢	大さじ2
みりん	大さじ1
塩	小さじ1/5

1 長いもは1cm角の拍子木切りにする。

2 梅干しの実をちぎり、種とともにポリ袋に入れ、Aを加えて混ぜる。長いもを入れ、袋の空気を抜いて口をしばり、30分以上漬けて梅干しの種は除く。

| 冷蔵3~4日 | 冷凍2週間 | レンジ解凍+トースター | 15分 |

とろサクの長いもをプレスした香ばしい洋風お焼き

長いもとチーズの
ガレット

材料（4人分）
長いも……………………………… 10cm分（300g）
A ┌ ピザ用チーズ……………………………… 50g
　├ 小麦粉……………………………… 大さじ1強
　└ 塩・こしょう……………………………… 各少々
オリーブ油……………………………… 小さじ1

1 長いもはせん切りにする。ボウルに入れ、**A**を加えてさっくりと混ぜ合わせる。

2 フライパンにオリーブ油を中火で熱し、1を7〜8等分に手でまとめながら並べ入れる。弱火でじっくり焼き、チーズが溶けて焼き色がついたら裏返し、フライ返しなどを上から軽く押しつけ、平らにして焼く。

| 冷蔵3日 | 冷凍2週間 | レンジ解凍 | 5分 |

長いもとわさびは相性抜群！

長いもの
わさびしょうゆ漬け

材料（4人分）
長いも……………………………… 10cm分（300g）
A ┌ しょうゆ……………………………… 大さじ1
　├ 練りわさび……………………………… 小さじ1/5
　└ みりん……………………………… 小さじ1

1 長いもは8mm厚さの半月切りにする。

2 ポリ袋に**A**を入れて混ぜ合わせ、長いもを加える。袋の空気を抜いて口をしばり、30分以上漬ける。

里いも

鮮度の見分け方
皮にやや湿りけがある。泥つきのほうが鮮度は保たれる。

1品の使いきり分量
7〜8個（約600g）

作りおきのヒミツ

里いもといえば煮もの。なめらかな口あたりが味わいなので、煮くずさない程度にやわらかく煮て。ぬめりを洗うとよりおいしく保存できます。

作りおきテク

☑ **ぬめりを洗うひと手間を惜しまずに。**
下ゆでや塩もみをして、ぬめりをよく洗い流して。表面がぬるぬるに溶けず、口あたりよく保存できる。

☑ **大きめに切って、煮くずさない。**
大きめのひと口大に。とくに冷凍する場合、煮くずれると解凍したときに溶けやすくなるので注意を。

ここがヒミツ
ぬめりを洗って甘いごまみそのからめ煮に

冷蔵4〜5日　冷凍2週間　レンジ解凍　25分

コクのある黒ごまのみそがとろりとよくからむ！
里いものごまみそ煮

材料（4人分）

里いも	7〜8個（600g）
だし汁	¾カップ
砂糖	大さじ1
A ┌ 黒すりごま	大さじ2
│ みそ	大さじ1と½
└ しょうゆ	小さじ1

1 里いもは大きめのひと口大に切る。鍋に里いもとかぶるくらいの水を入れて2〜3分ゆでる。鍋の湯に流水を注いでさましながら、ぬめりを洗い流す。

2 鍋に1とだし汁、砂糖を入れ、ふたをして火にかける。煮立ったら弱火にし、7〜8分煮る。ふたを取り、Aを加えて火を強めさらに7〜8分、汁けが少なくなるまで煮る。

\ ここがヒミツ /
ぬめりを洗い
口あたりをよく

\ ここがヒミツ /
いかを先に煮れば
煮汁にうまみが出て
里いももよりおいしく

| 冷蔵4〜5日 | 冷凍2週間 | レンジ解凍 | 25分 |

なめらかな舌ざわりを味わう飽きのこない定番
里いもの煮っころがし

材料（4人分）

里いも	7〜8個（600g）
だし汁	1カップ
A 砂糖	大さじ1と1/2
しょうゆ	小さじ1
塩	小さじ1/3

1 里いもは大きめのひと口大に切る。鍋に里いもとかぶるくらいの水を入れて2〜3分ゆでる。鍋の湯に流水を注いでさましながら、ぬめりを洗い流す。

2 鍋に1とAを入れ、ふたをして火にかける。煮立ったら弱火にして15分ほど、煮汁が少なくなるまで煮る。

| 冷蔵3〜4日 | 冷凍2週間 | レンジ解凍 | 25分 |

どちらもほどよくやわらかな煮え加減に
里いもといかの煮もの

材料（4人分）

里いも	7〜8個（600g）
いか	1ぱい
A 酒	大さじ3
砂糖・しょうゆ	各大さじ2
水	1カップ

1 里いもは大きめのひと口大に切る。鍋に里いもとかぶるくらいの水を入れて2〜3分ゆでる。鍋の湯に流水を注いでさましながら、ぬめりを洗い流す。いかは内臓と軟骨をはずして胴を1cm幅の輪切りにし、足は食べやすく切る。

2 鍋にAを入れて煮立て、いかを加えて混ぜながら火を通し、色が変わったら取り出す。煮汁に水を加え、里いもを入れてふたをし、煮立ったら弱火にして15分ほど煮る。いかを戻し入れ、ひと煮立ちさせる。

129

\ ここがヒミツ /
ねぎ塩だれは炒めて香りをしっかり出して

\ ここがヒミツ /
手軽な揚げ焼きで煮ものにはない香ばしさをプラス

冷蔵4〜5日　冷凍2週間　レンジ解凍　25分

ごま油とねぎの風味が食欲をそそる！

里いもの中華風ねぎ塩煮

材料（4人分）

里いも	7〜8個（600g）
A[しょうがのみじん切り	1/2かけ分
長ねぎの粗みじん切り	1本分]
B[酒	大さじ2
塩	小さじ2/3
中華スープの素	小さじ1/2
こしょう	少々
水	1カップ]
ごま油	小さじ2

1 里いもは大きめのひと口大に切る。塩小さじ1/4（分量外）をふってもみ、ぬめりを洗い流して水けをきる。

2 鍋にごま油を中火で熱し、**1**を入れて炒める。こんがりしたら、**A**を加えてさっと炒め合わせる。**B**を加えてふたをし、煮立ったら弱火にして15分ほど煮る。

冷蔵4〜5日　冷凍2週間　レンジ解凍　15分

ホクッとゆでてカリッと揚げたビールにも合う味わい

揚げ焼き里いものり塩あえ

材料（4人分）

里いも	7〜8個（600g）
塩	小さじ1/4
青のり	小さじ1/2
サラダ油	適量

1 里いもは大きめのひと口大に切り、塩小さじ1/4（分量外）をふってもみ、ぬめりを洗い流す。鍋に里いもとかぶるくらいの水を入れて10分ほどやわらかくなるまでゆで、ざるにあげて湯をきる。

2 フライパンにサラダ油を5mm深さまで入れて中火で熱し、**1**を入れてひっくり返しながら、焼き色がつくまで揚げ焼きにする。油をきってボウルに入れ、塩、青のりをふってあえる。

\ここがヒミツ/
ねっとりつぶした
あえごろもで
おいしさ倍増！

\ここがヒミツ/
煮汁をとばして
そぼろをぽろぽろに

| 冷蔵3～4日 | 冷凍2週間 | レンジ解凍 | 15分 |

まったりクリーミーでおいしさ再発見
里いものともあえ

材料（4人分）
里いも……………………………… 7～8個（600g）
┌ みそ……………………………………… 大さじ1
A│ マヨネーズ……………………………… 小さじ2
└ 塩………………………………………… 小さじ⅓

1 里いもは大きめのひと口大に切り、塩小さじ¼（分量外）をふってもみ、ぬめりを洗い流す。鍋に里いもとかぶるくらいの水を入れて10分ほどやわらかくなるまでゆで、ざるにあげて湯をきる。

2 1の⅓量をボウルに入れ、熱いうちにフォークなどでつぶし、Aを混ぜ合わせる。残りの里いもを加え、さっくりと混ぜる。

| 冷蔵4～5日 | 冷凍2週間 | レンジ解凍 | 25分 |

あっさり鶏そぼろが主役をおいしく引き立てます
里いものそぼろ煮

材料（4人分）
里いも………… 7～8個（600g）　しょうが汁……………小さじ½
鶏ひき肉……………………100g　サラダ油………………小さじ1
┌ だし汁…………… ¾カップ
│ しょうゆ・酒……… 各大さじ1
A│ 砂糖……………… 小さじ2
└ 塩………………… 小さじ⅓

1 里いもは大きめのひと口大に切る。鍋に里いもとかぶるくらいの水を入れて2～3分ゆでる。鍋の湯に流水を注いでさましながら、ぬめりを洗い流す。

2 鍋にサラダ油を中火で熱し、ひき肉を炒める。ぽろぽろになったらAを加えて混ぜ、里いもを入れる。ふたをして煮立ったら弱火にし、15分ほど煮る。仕上げにしょうが汁を加え、強火で汁けをとばす。

長ねぎ

1品の使いきり分量
2本（約200g）

鮮度の見分け方
白い部分の巻きがかたくみずみずしく、青い部分が色鮮やかなものを。

ここがヒミツ
生ハムで巻けば
うまみもしみて
しっとりおいしい

作りおきのヒミツ

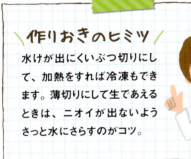

水けが出にくいぶつ切りにして、加熱をすれば冷凍もできます。薄切りにして生であえるときは、ニオイが出ないようさっと水にさらすのがコツ。

作りおきテク

☑ **やわらかさを出すなら手軽なレンジ蒸しに。**
ねぎの水けのみで蒸せて、余計に水っぽくならない。

☑ **こんがり焼くと冷凍しやすい。**
くたっとしても、香ばしさでおいしく食べられる。

☑ **生であえる場合は水にさらして。**
さっと水にさらし、ニオイを取ってからあえて。水けはペーパータオルでしっかりと吸い取る。

| 冷蔵3～4日 | 冷凍2週間 | レンジ解凍 | 10分 |

やわらかく蒸したねぎにハムのうまみがじんわり

ねぎの生ハム巻マリネ

材料（4人分）

長ねぎ	2本（200g）
A ┌ レモンの絞り汁	小さじ1と½
└ 塩・こしょう	各少々
生ハム	60g
オリーブ油	大さじ2

1 ねぎは長さを3等分し、耐熱のポリ袋に入れて電子レンジ（600W）で4分加熱する。**A**を加えて混ぜ合わせ、さます。

2 生ハムを広げ、**1**のねぎに端からくるくるとらせん状に巻きつける。2cm長さに切り分け、オリーブ油を回しかける。

ここがヒミツ
水けをしっかり
取ることで
辛みも生かせます

ここがヒミツ
グリルで焼いて
目にもおいしく。
冷凍もOK！

| 冷蔵3日 | 冷凍NG | 10分 |

オイスターソースの隠し味で風味がアップ
ねぎと焼き豚のマリネ

材料（4人分）

長ねぎ	2本（200g）
焼き豚（市販品）	100g
A ごま油	大さじ1と½
A 塩	小さじ¼
A オイスターソース	小さじ¼
A こしょう	少々

1 ねぎは斜め薄切りにし、水に1分ほどさらして、ペーパータオルで水けをしっかり取る。焼き豚は薄切りにし、食べやすい大きさに切る。

2 ボウルにねぎ、Aを入れて混ぜ合わせる。焼き豚を加えてあえる。

| 冷蔵4〜5日 | 冷凍2週間 | レンジ解凍 | 10分 |

香ばしい焼きねぎにだしをしみ込ませて
焼きねぎびたし

材料（4人分）

長ねぎ	2本（200g）
A だし汁	½カップ
A しょうゆ・酢	各小さじ1
A 塩	少々

1 ねぎは長さを3〜4等分し、魚焼きグリルで上下を返しながら焼き、こんがりと焼き目をつける。取り出して、粗熱がとれたら2cm長さに切る。

2 ボウルにAを混ぜ合わせ、1を入れてひたす。

ほうれん草

1品の使いきり分量
2束(約400g)

鮮度の見分け方
葉の緑色が濃く、ピンと張りがある。
根元が太く、赤みが強いと甘い。

作りおきのヒミツ

水っぽくならないよう、ゆでたら水けを絞り、長めに切って。冷凍よりも食感が保てる冷蔵保存で、おいしいうちに食べきるのがおすすめです。

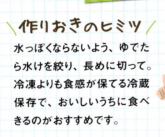

作りおきテク

☑ **さっとゆで、水けをやさしく絞る。**
強く絞りすぎると、繊維がちぎれてかえって水っぽくなるもと。やさしく握ってゆっくり絞って。

☑ **刻まず、長めに切る。**
水けが出にくいよう、いつもより長めに切って。

☑ **卵やチーズを合わせてコクをアップ！**
独特のえぐみが苦手な人にも食べやすく。

ここがヒミツ
しょうゆ洗いで下味をつけつつ水けを出して

冷蔵 **3**日 ／ 冷凍 **2**週間 ／ レンジ解凍 **10**分

ごまの香ばしい風味でシンプルに
ほうれん草のごまあえ

材料(4人分)

ほうれん草	2束(400g)
しょうゆ	大さじ1
A 白いりごま	大さじ2
砂糖	小さじ2
塩	少々

1 ほうれん草は熱湯でかためにゆで、冷水にとって水けをやさしく絞る。4〜5cm長さに切り、しょうゆをかけて混ぜ、水けを絞る。
2 ボウルにAを混ぜ合わせ、1を加えてあえる。

134

\ ここがヒミツ /
長めに切って
卵はよく火を通して

\ ここがヒミツ /
角切りチーズで
しっかり味に！

冷蔵3日　冷凍NG　10分

具のうまみでごちそう感満点
ほうれん草としらすの卵炒め

材料（4人分）

ほうれん草	2束（400g）
しらす干し	大さじ4
卵	2個
塩・こしょう	各適量
にんにくの薄切り	2枚
バター	小さじ2
しょうゆ	小さじ1
サラダ油	大さじ1

1 ほうれん草は4〜5cm長さに切る。しらすは熱湯を回しかけ、湯をきる。卵は溶きほぐし、塩、こしょうをふって混ぜる。

2 フライパンにサラダ油を中火で熱し、にんにく、ほうれん草を入れて炒める。しんなりしたら、塩、こしょうをふって混ぜ、取り出して汁をきる。

3 フライパンをさっと洗い、バターを中火で溶かす。卵液を流し入れ、手早くかき混ぜていり卵にする。しらす、2を加えて炒め合わせ、しょうゆを回し入れる。

冷蔵3日　冷凍NG　10分

ほのかな辛子の風味がおいしさを引き立てます
ほうれん草とチーズのサラダ

材料（4人分）

ほうれん草	2束（400g）
プロセスチーズ	40g
マヨネーズ	大さじ2
練り辛子	小さじ1/6
塩・こしょう	各少々

1 ほうれん草は熱湯でかためにゆで、冷水にとって水けをやさしく絞り、4〜5cm長さに切る。

2 チーズは8mm角に切る。

3 ボウルにマヨネーズ、辛子を入れてよく混ぜる。1、2を加えてあえ、塩、こしょうで味をととのえる。

135

チンゲン菜

1品の使いきり分量
2袋（約500g、4～6株）

鮮度の見分け方
葉の緑色が濃く鮮やか。軸が短く、根元がふっくら丸いものが甘い。

作りおきのヒミツ

繊維がしっかりとして、青菜のなかでは冷凍もしやすいチンゲン菜。軸に厚みがあるので葉と切り分けて軸から加熱し、葉は短めに火を通します。

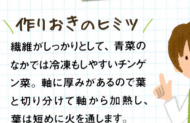

作りおきテク

- ☑ **大きく切り、葉と軸を分ける。**
  水けが出にくいよう大きめに切り、かたい芯の部分は縦に4つ割りに。厚みのある軸と芯から加熱を。

- ☑ **下ゆではかために。**
  煮ものの下ゆでは、色が鮮やかになる程度でOK。

- ☑ **下ゆでや油通しで鮮やかな緑色を生かす。**
  色どめして保存中の変色をガード。

ここがヒミツ
厚みのある軸から順に手早く炒めて

| 冷蔵3～4日 | 冷凍2週間 | レンジ解凍 | 15分 |

にんにくをきかせてあっさりと
チンゲン菜の塩炒め

材料（4人分）

チンゲン菜……2袋(500g)	塩……小さじ2/3
にんにくの薄切り……1片分	こしょう……少々
A [鶏がらスープの素……小さじ1/2	ごま油……小さじ1
酒……大さじ1]	サラダ油……大さじ1と1/2

1 チンゲン菜は葉と軸を4～5cm長さに切り、芯の部分は4つ割りに切る。Aは混ぜ合わせておく。

2 フライパンにサラダ油を強火で熱し、にんにくを炒める。香りが出たら、チンゲン菜の軸を入れて炒め、しんなりしたら、葉、A、塩、こしょうを加えて炒め合わせる。仕上げにごま油を回し入れる。

\ ここがヒミツ /
かために色よく下ゆでして

\ ここがヒミツ /
簡単な油通しでコクと色をアップ

冷蔵3〜4日 ｜ 冷凍2週間 ｜ レンジ解凍 ｜ 10分

油揚げ1枚で断然うまみがアップ

チンゲン菜と油揚げの煮びたし

材料（4人分）

チンゲン菜……2袋（500g）
油揚げ……1枚
A ┃ だし汁……1と½カップ
　┃ しょうゆ……大さじ2
　┃ 酒……大さじ1
　┃ 砂糖……大さじ½
　┃ 塩……少々

1 チンゲン菜は葉を根元からはずし、熱湯でかためにゆでてざるにあげる。油揚げも熱湯にさっと通し、湯をきる。

2 チンゲン菜は4〜5cm長さに切り、油揚げは細切りにする。

3 鍋にAを入れて煮立て、2を加えてふたをする。再び煮立ったら弱火にし、7〜8分煮る。

冷蔵3〜4日 ｜ 冷凍2週間 ｜ レンジ解凍 ｜ 15分

値段も手ごろなミニ帆立でうまみ濃厚なごちそうに

チンゲン菜のクリーム煮

材料（4人分）

チンゲン菜……2袋（500g）
ミニ帆立（蒸し）……100g
A ┃ 酒……大さじ1
　┃ 熱湯……1カップ
しょうがの薄切り……2枚
B ┃ 牛乳……1カップ
　┃ 生クリーム……¼カップ
塩……小さじ½
こしょう……少々
片栗粉……大さじ1
サラダ油……大さじ1と½

1 チンゲン菜は葉と軸を4〜5cm長さに切り、芯の部分は4つ割りに切る。

2 フライパンにサラダ油大さじ1を中火で熱し、チンゲン菜を軸、葉の順に加えて炒める。しんなりしたらAを加えて煮立て、ざるにあげて湯をきる。

3 フライパンに残りの油を熱してしょうがを炒め、香りが出たらBを入れて煮立てる。帆立、2を加え、煮立ったら塩、こしょうを加える。片栗粉を水大さじ2（分量外）で溶いて混ぜ、とろみをつけてひと煮立ちさせる。

137

にら

\1品の使いきり分量/
1～2束(1束約100g)

\鮮度の見分け方/
葉が濃い緑色で、束の根元を持つと葉がピンと張ってしなだれない。

\作りおきのヒミツ/

にらは水けに加え、ニオイを防ぐことが、おいしく保存するポイントに。刻むと水けもニオイも出やすいので、長めに切って加熱しましょう。

\作りおきテク/

☑ **刻まず、長めのざく切りに。**
水っぽさとともに保存中のニオイを防ぐ。

☑ **基本は冷蔵保存。冷凍するならチヂミがおすすめ。**
冷凍すると水分が抜け、ぬるぬるの筋状に。生地に混ぜて焼き固めれば、水けが出ず、冷凍してもおいしい。

\ここがヒミツ/
生地に混ぜて冷凍もOKに。トースターでカリッと再加熱を

|冷蔵3～4日|冷凍2週間|レンジ解凍+トースター| 15分 |

押しながら焼くのがコツ。キムチで本格風味に

にらチヂミ

材料(4人分)

にら……………………1束(100g)
白菜キムチ………………50g
A ┌ 溶き卵……………1個分
　├ 水………………¼カップ
　├ 小麦粉…………¾カップ
　└ 塩・こしょう……各少々
ごま油………………小さじ1
サラダ油……………小さじ2

1 にらは3～4cm長さに切る。キムチは細かく刻む。
2 ボウルにAを混ぜ合わせ、生地を作る。キムチ、ごま油を加えて混ぜ、にらを加えてさっくりと混ぜる。
3 フライパンを中火で熱してサラダ油をひき、2を入れて平らに広げる。火をやや弱め、焼き色がついたら裏返し、フライ返しを押しつけながらこんがりと焼く。食べやすく切り分ける。

\ ここがヒミツ /
卵でとじると風味もまろやかに！

\ ここがヒミツ /
しっかり水けをきってからあえて

冷蔵2～3日　冷凍NG　10分

卵で彩りも食べやすさもアップ
にらの卵とじ煮

材料（4人分）
にら	2束（200g）
A ┌ だし汁	½カップ
├ 酒	大さじ1
├ 砂糖	小さじ½
└ しょうゆ	小さじ2
溶き卵	2個分

1 にらは3～4cm長さに切る。
2 鍋にAを入れて火にかけ、煮立ったら、にらを加えてさっと煮る。卵を回し入れてふたをし、卵が固まるまで蒸し焼きにする。

冷蔵2～3日　冷凍NG　10分

相性抜群。歯ざわりのいいうちに食べきって
にらともやしのナムル

材料（4人分）
にら	1束（100g）
もやし	1袋
A ┌ ごま油	小さじ2
├ にんにくのみじん切り	少々
├ 塩	小さじ½
└ こしょう	少々

1 にら、もやしはそれぞれ熱湯でさっとゆで、ざるにあげてしっかりと水けをきる。粗熱がとれたら、にらは3～4cm長さに切る。
2 ボウルにAを入れ、1を加えて混ぜ合わせる。

ゴーヤ

1品の使いきり分量
½〜1本(1本約250g)

鮮度の見分け方
若いほど濃い緑色でイボが密集。熟してイボが大きいほうが、苦みは少ない。

作りおきのヒミツ

夏に作りおきしたい野菜。水分が多いので、丸い形を残して切り、加熱で傷みを防いで。さっぱりとしたマリネなどで、パリパリ感を楽しみましょう。

作りおきテク

☑ **丸い形を生かして目にも楽しく。**
刻まず、丸い形のまま調理するほうが水けも出にくい。わたが残ると食感が悪くなるので、きれいにこそげ取って。

☑ **冷凍するならチャンプルーに。**
基本は冷蔵保存だけど、しっかり炒めて水けを出せば冷凍もできる。定番のチャンプルーで味わって。

ここがヒミツ
卵にもしっかり火を通して

冷蔵3〜4日　冷凍2週間　レンジ解凍　10分

手軽なツナでうまみを出した夏の定番おかず

ゴーヤとツナのチャンプルー

材料（4人分）

ゴーヤ……1本(250g)	にんにくの薄切り……2枚
ツナ缶……小1缶(70g)	B[しょうゆ……小さじ1
卵……2個	塩・こしょう……各少々
A[砂糖……小さじ½	サラダ油……大さじ1
塩・こしょう……各少々	

1 ゴーヤは縦半分に切って種とわたを除き、5mm厚さに切る。ツナ缶は缶汁をきり、ほぐす。卵は溶きほぐし、**A**を加えて混ぜる。

2 フライパンにサラダ油を中火で熱し、にんにく、ゴーヤを入れて炒める。しんなりしたら、ツナを加えてさっと炒め、**B**を加える。卵液を回し入れ、卵が固まるまで炒める。

\ ここがヒミツ /
輪っかにくりぬき
揚げ焼きで
コクをアップ！

\ ここがヒミツ /
さっとゆでて
パリパリ感を
楽しんで

冷蔵4〜5日　冷凍NG　10分

スパイスの香りで奥深い味わいに

揚げ焼きゴーヤのマリネ

材料（4人分）

ゴーヤ……………1本（250g）　　サラダ油……………適量

A ┌ 酢……………………大さじ3
　│ 砂糖…………………大さじ1
　│ 塩……………………小さじ½
　│ 赤唐辛子……………½本
　│ クローブ……………2個
　│ ローリエ……………1枚
　└ 黒こしょう（ホール）……6粒

1 保存容器にAを混ぜ合わせておく。
2 ゴーヤは5cm長さに切り、切り口から種とわたをかき出し、5mm厚さの輪切りにする。
3 フライパンにサラダ油を5mm深さまで入れて中火で熱し、ゴーヤを入れて色が鮮やかになるまで揚げ焼きにする。油をきり、熱いうちに**1**に加えてあえる。

冷蔵2〜3日　冷凍NG　5分

わさびで後味もさわやか。暑い時期に最適

ゴーヤのわさびマヨあえ

材料（4人分）

ゴーヤ……………………………………½本（120g）
しょうゆ…………………………………小さじ1
A ┌ マヨネーズ……………………………大さじ2
　└ 練りわさび……………………………小さじ¼

1 ゴーヤは縦半分に切って種とわたを除き、薄切りにする。熱湯でさっと10秒ほどゆで、冷水にとって水けをしっかりきる。しょうゆをかけて混ぜ、軽く水けを絞る。
2 ボウルにAを入れてよく混ぜ、**1**を加えてあえる。

オクラ

> 1品の使いきり分量
> 2パック（約200g、16本）

> 鮮度の見分け方
> 新鮮なほど表面にうぶ毛がびっしり。緑色も濃く鮮やかで変色がない。

> 作りおきのヒミツ
> 刻むと水分に加えてネバネバが出るので、大きく切ることがコツ。煮ものなら1本まるごとでも、煮汁がしみてやわらかくなり、おいしいですよ。

作りおきテク

- ☑ **スパイスやだしをきかせた料理がおすすめ。**
  保存で味がしみて、しんなりしてもおいしい。

- ☑ **縦や斜めに大きめに切る。まるごと煮ても！**
  刻むと水けとともに粘りも出やすいので大きく。

- ☑ **塩もみでうぶ毛を除く。**
  口あたりがよくなる。おいしさアップのひと手間。

> ここがヒミツ
> 大きく縦半分に。カレーの風味もつきやすい！

| 冷蔵3〜4日 | 冷凍2週間 | レンジ解凍 | 8分 |

簡単でお弁当のおかずにも人気間違いなし
オクラのカレー炒め

材料（4人分）

オクラ	2パック (200g)
A しょうゆ	小さじ2
A カレー粉	小さじ1/6
A 塩・こしょう	各少々
サラダ油	小さじ2

1 オクラはがくをむき、塩少々（分量外）をふって表面をこすり、水で洗う。水けをきって、縦半分に切る。

2 フライパンにサラダ油を中火で熱し、オクラを入れて炒める。こんがりしたら、Aを加え、さっと炒め合わせる。

ここがヒミツ
さっとゆでてだしに漬けるだけ。冷凍も汁ごと！

ここがヒミツ
汁けをとばして日持ちもうまみもアップ

冷蔵3日　冷凍2週間　レンジ解凍　8分

保存でだし汁にもとろみがついておいしく
オクラのだし漬け

材料（4人分）
オクラ……………………………2パック（200g）
A ┌ だし汁……………………………½カップ
　├ しょうゆ……………………………小さじ1
　└ 塩……………………………………少々

1 オクラはがくをむき、塩少々（分量外）をふって表面をこする。そのまま、熱湯でさっとゆで、ざるにあげてさまし、2〜3cm長さの斜め切りにする。
2 ボウルにAを入れ、1を加えて混ぜる。

冷蔵3〜4日　冷凍2週間　レンジ解凍　20分

チリパウダーひとつでメキシカン風味
オクラのチリソース煮

材料（4人分）
オクラ……………2パック（200g）　　B ┌ カットトマト缶……½缶（200g）
セロリ……………⅓本　　　　　　　　　├ チリパウダー………小さじ2
合いびき肉………100g　　　　　　　　├ 塩……………………小さじ⅓
A ┌ にんにくのみじん切り………¼片分　└ こしょう……………少々
　└ 玉ねぎのみじん切り…………¼個分　オリーブ油……………大さじ1

1 オクラはがくをむき、塩少々（分量外）をふって表面をこすり、水で洗って水けをきる。セロリはみじん切りにする。
2 フライパンにオリーブ油を中火で熱し、Aを入れて玉ねぎが茶色になるまでよく炒める。セロリを炒め合わせ、ひき肉を加えてさらに炒める。B、オクラを加えて混ぜ、汁けがなくなるまで7〜8分煮る。

ズッキーニ

1品の使いきり分量
1本(約180g)

鮮度の見分け方
切り口がみずみずしく色鮮やか。皮にツヤがある、やわらかいものを。

ここがヒミツ
幅広の縦薄切りに。焼き色がついて味もしみやすい！

作りおきのヒミツ

ズッキーニはかぼちゃの仲間。やわらかいので煮るとくたくたになりますが、焼いたり炒めると、甘みが出て香ばしく、冷凍もしやすいですよ。

作りおきテク

☑ **焼く、炒めるで冷凍もOKに。**
甘みが出て、煮るより冷凍してもくずれにくい。

☑ **表面を焼き固めると水けも出にくい。**
ころもで包んで焼くとよりホクホクに。

☑ **やわらかいので帯状に薄切りも！**
マリネに生かすと味もしみ込みやすい。

冷蔵3〜4日　冷凍2週間　レンジ解凍　15分

フライパンでこんがり。熱いうちにマリネ液につけて

焼きズッキーニのマリネ

材料（4人分）
ズッキーニ……………1本（180g）
にんにく…………………1片
A ┌ アンチョビー（フィレ）の
　│　みじん切り………1枚分
　│ オリーブ油…………大さじ2
　│ 塩…………………小さじ1/5
　└ こしょう……………少々
オリーブ油……………小さじ1

1 ズッキーニは縦に薄切りにする。にんにくは半分に切る。

2 フライパンを中火で熱してオリーブ油を薄くひき、1を入れてズッキーニを広げ、両面にこんがりと焼き色をつける。

3 ボウルにAを混ぜ合わせ、2を加えてあえる。

\ここがヒミツ/
ころもでコートして
カリッと焼いて
おいしさキープ

\ここがヒミツ/
コチュジャンで
甘みを引き立て
きれいな黄色に

冷蔵 4〜5日 ｜ 冷凍 2週間 ｜ レンジ解凍+トースター ｜ 10分

韓国風お焼き。ごま油をたらした酢じょうゆを添えて
ズッキーニのジョン

材料（4人分）

ズッキーニ	1本（180g）
塩・こしょう	各少々
小麦粉	適量
溶き卵	1個分
サラダ油	小さじ2

1 ズッキーニは1cm厚さの輪切りにする。塩、こしょうをふり、全体に小麦粉を薄くまぶす。
2 フライパンにサラダ油を中火で熱し、ズッキーニに卵をからめながら並べ入れる。焼き色がついたら裏返し、両面をこんがりと焼く。

冷蔵 4〜5日 ｜ 冷凍 2週間 ｜ レンジ解凍 ｜ 10分

甘辛のそぼろでご飯もすすみます
ズッキーニとひき肉の韓国風炒め

材料（4人分）

ズッキーニ	1本（180g）
豚ひき肉	100g
にんにくのみじん切り	1/4片分
コチュジャン	大さじ1/2
しょうゆ	小さじ2
ごま油	小さじ2

1 ズッキーニは3cm長さに切り、縦に4つ割りにする。
2 フライパンにごま油を中火で熱し、ひき肉を炒める。ぽろぽろになったら、にんにく、ズッキーニを加えて炒める。ズッキーニがこんがりしたら、コチュジャン、しょうゆを加えて炒め合わせる。

145

たけのこ

1品の使いきり分量
水煮1個(約200g)

鮮度の見分け方
生は皮の色が薄く湿ったものが新鮮。水煮は産地や賞味期限をチェックして選んで。

\ ここがヒミツ /
薄く切って炒め水けをとばして保存性アップ

\ 作りおきのヒミツ /
市販の水煮パックは冷凍NGですが、調理前にゆでてくさみを取ると冷蔵でおいしく保存できます。春は生たけのこをゆでて作れば冷凍もできます。

作りおきテク

☑ **市販の水煮は調理前にゆでこぼし酸味とくさみを取って。**
縦半分に切ってひだについた白いかたまりを洗い、熱湯で5〜6分ゆでてざるにあげさます。

☑ **春の生たけのこはアク抜きを。**
穂先を斜めに切り落とし、縦に切れ目を入れる。かぶるほどの水と米ぬか、赤唐辛子とともに鍋に入れて火にかける。落としぶたをし、竹串が通るまで煮てそのままさます。皮つきのまま水につけて冷蔵保存し、なるべく早く調理して。

冷蔵3〜4日　冷凍NG　10分

ごま油とオイスターソースで中華風に
たけのこの中華きんぴら

材料(4人分)

たけのこ水煮	1個(200g)
赤唐辛子の輪切り	½本分
A　酒・しょうゆ	各小さじ2
砂糖・オイスターソース	各小さじ½
こしょう	少々
ごま油	大さじ1

1 たけのこは縦半分に切り、5〜6cm長さの縦薄切りにする。

2 フライパンにごま油を中火で熱し、たけのこを炒める。唐辛子を加えてさっと炒め、火を止める。Aを加え、再び中火にかけて汁けがなくなるまで炒め合わせる。

\ ここがヒミツ /
こんがり焼いて
傷みのもとになる
水けを出して

\ ここがヒミツ /
汁けをよくとばし
おかかの風味を
保存でしみ込ませて

冷蔵3〜4日　冷凍NG　10分

香りのいい山椒塩で甘みも引き立ちます
焼きたけのこの山椒塩

材料（4人分）

たけのこ水煮	1個（200g）
小麦粉	適量
粉山椒	少々
塩	小さじ1/4
サラダ油	大さじ2

1 たけのこは縦半分に切り、乱切りにする。全体に小麦粉を薄くまぶす。

2 フライパンにサラダ油を中火で熱し、たけのこを入れて、こんがりきつね色になるまで焼く。ペーパータオルを敷いたバットにあげて油をきり、塩、山椒を混ぜてふりかけ、まぶす。

冷蔵3〜4日　冷凍NG　15分

いつ食べても飽きないほっとする味
たけのこの土佐煮

材料（4人分）

たけのこ水煮	1個（200g）
A　だし汁	3/4カップ
みりん	大さじ1
しょうゆ	小さじ1
塩	小さじ1/5
かつお節	1パック（4g）

1 たけのこは縦半分に切り、穂先はくし形切り、根元は半月切りにする。

2 鍋にAと1を入れてふたをし、中火にかける。煮立ったら弱火にして10分ほど煮る。ふたを取り、中火にして汁けがなくなるまで煮て、かつお節を混ぜ合わせる。

147

豆

鮮度の見分け方

1品の使いきり分量
大豆、赤いんげん豆、
ひよこ豆 水煮各200
〜300g

缶詰やパックの水煮は原産国と賞味期限をチェック。
乾燥豆は光沢があり、粒がそろったものを。

＼作りおきのヒミツ／

豆は煮くずれず、水けも出ない作りおきに最適な食材。手軽な缶やパックの水煮豆も調理して冷凍保存できるので、作りおきしてたっぷり食べて。

作りおきテク

☑ **野菜といっしょに味わって。**
冷凍、解凍して野菜がやわらかくなっても、豆の食感が残るのでおいしく食べられる。

☑ **乾燥豆からゆでるときは…**
豆の3〜4倍量の水にひと晩つけてもどし、深鍋にたっぷりの水と入れて火にかける。沸騰したら差し水をし、再び沸騰したらアクを取り、落としぶたをして弱火でやわらかくなるまでゆでる。豆により45〜70分が目安。

＼ここがヒミツ／
豆になじむよう
根菜は角切りに

冷蔵4〜5日 | **冷凍3週間** | **レンジ解凍** | 20分

ポクポク煮豆の定番。昆布としいたけでうまみが深く

五目豆

材料（4人分）

大豆（水煮）……300g	だし汁……1カップ
ごぼう……¼本	砂糖・酒・しょうゆ
にんじん……⅓本	A　……各大さじ1
干ししいたけ（水でもどす）…2枚	塩……小さじ¼
だし昆布……5cm	

1 ごぼう、にんじんは1cm角に切り、ごぼうは水にさらして水けをきる。しいたけは軸を除き、1cm角に切る。昆布は7〜8mm四方に切る。

2 鍋に**A**、**1**、大豆を入れてふたをし、煮立ったら弱火にして10分ほど煮る。

\ ここがヒミツ /
白いんげん豆や大豆で作ってもおいしい！

\ ここがヒミツ /
玉ねぎの水けをよくきってあえて

冷蔵 4〜5日　冷凍 3週間　レンジ解凍　25分

アメリカの家庭料理。ウスターソースで風味アップ
ポークビーンズ

材料（4人分）
ひよこ豆（水煮）	200g
豚肩ロースかたまり肉	150g
玉ねぎ	½個
セロリ	½本
赤パプリカ	½個
塩・こしょう	各少々
にんにくのみじん切り	¼片分

A ┌ カットトマト缶 …… ¾缶（300g）
　├ 固形コンソメスープの素 … ¼個
　├ 塩 …………………… 小さじ⅓
　├ こしょう ……………… 少々
　├ ローリエ ……………… 1枚
　└ 水 …………………… ¾カップ

ウスターソース ………… 小さじ2
サラダ油 ………………… 小さじ2

1 豚肉は1cm角に切り、塩、こしょうをふる。玉ねぎ、セロリ、パプリカは1cm角に切る。
2 鍋にサラダ油を強火で熱し、豚肉を炒める。色が変わったら、にんにく、玉ねぎ、セロリを加えてさらに炒め、ひよこ豆、パプリカ、Aを加えてふたをする。煮立ったら弱火にし、10分ほど煮る。ふたを取り、ウスターソースを加えて、さらに5分ほど煮る。

冷蔵 3〜4日　冷凍 3週間　レンジ解凍　8分

粒マスタードの酸味と粒つぶがアクセント
豆のマスタード風味マリネ

材料（4人分）
赤いんげん豆（キドニービーンズ・水煮） …… 200g
玉ねぎ …………………………………………… ¼個

A ┌ オリーブ油 …………………………… 大さじ1
　├ 粒マスタード ………………………… 大さじ½
　├ 酢 …………………………………… 小さじ1
　└ 塩・こしょう ………………………… 各少々

1 玉ねぎは薄切りにし、さっと水にさらして、<u>水けをしっかりきる</u>。
2 ボウルに1、Aを入れて混ぜ合わせ、赤いんげん豆を加えてあえる。

乾物

鮮度の見分け方
よく乾燥したものを。

1品の使いきり分量
切干大根、春雨、芽ひじき、切り昆布　各30〜50g

作りおきのヒミツ

乾物は脱水してあるので、保存しても水っぽくならず、冷凍にもおすすめの食材です。切干大根をはじめ、作りおきにおおいに活用して！

作りおきテク

☑ **野菜の乾物では、切干大根が使いやすくおすすめ。**
水分が抜けているので、うまみも濃厚。定番の煮ものほか、炒めものやサラダにしてもパリパリしておいしい。

☑ **ポリ袋で空気を抜いてもどすと時短に。**
水でもどすときは、ポリ袋にたっぷりの水と乾物を入れ空気を抜いて口をしばると、もどりが早く手軽。

ここがヒミツ
手早く炒めて切干大根のパリパリ感を残して

冷蔵4〜5日　冷凍3週間　レンジ解凍　10分

桜えびのうまみと香ばしさがポイント
切干大根の中華炒め

材料（4人分）

切干大根……………… 50g
長ねぎ………………… ½本
桜えび………………… 大さじ1

A ┌ 赤唐辛子の輪切り… ½本分
　│ しょうゆ…………… 大さじ1
　│ オイスターソース… 小さじ1
　└ こしょう…………… 少々

ごま油………………… 小さじ1
サラダ油……………… 大さじ1

1 切干大根は流水でもみ洗いし、水に20分ひたしてもどし、水けを絞って食べやすい長さに切る。ねぎは5mm幅の斜め切りにする。桜えびは刻む。

2 フライパンにサラダ油を中火で熱し、ねぎを炒める。香りが出たら、切干大根、桜えびを加えて炒め、こんがりしたら、Aを加えて炒め合わせる。ごま油を加えてさっと混ぜる。

\ ここがヒミツ /
冷凍してもおいしい練りものをうまみだしに

\ ここがヒミツ /
チーズがなじみ酢の酸味がだんだんまろやかに

| 冷蔵4〜5日 | 冷凍3週間 | レンジ解凍 | 20分 |

煮汁がよくしみたしっとり感がたまらない
切干大根の煮もの

材料（4人分）

切干大根	50g
にんじん	1/3本
さつま揚げ	1枚

A
- だし汁 … 1と1/2カップ
- 酒 … 大さじ2
- 砂糖 … 大さじ1
- しょうゆ … 大さじ1と1/2
- 塩 … 小さじ1/4

1 切干大根は流水でもみ洗いし、水に20分ひたしてもどし、水けを絞って食べやすい長さに切る。にんじんは5mm角の拍子木切りにする。さつま揚げは熱湯を回しかけ、湯をきって薄切りにする。

2 鍋にA、1を入れてふたをし、中火にかける。煮立ったら弱火にし、15分ほど煮る。

| 冷蔵3〜4日 | 冷凍3週間 | レンジ解凍 | 8分 |

チーズが隠し味。パリパリ感が後をひきます
切干大根の洋風サラダ

材料（4人分）

切干大根	50g
ハム	2枚

A
- にんにくのみじん切り … 1/4片分
- 酢・オリーブ油 … 各大さじ1と1/2
- 塩 … 小さじ1/2
- 練り辛子 … 小さじ1/6
- こしょう … 少々

粉チーズ … 大さじ1

1 切干大根は流水でもみ洗いし、水に20分ひたしてもどし、水けを絞って食べやすい長さに切る。ハムは細切りにする。

2 ボウルにAを入れて混ぜ、1、チーズの半量を加えて、さっくりと混ぜ合わせる。上から残りのチーズをふる。

\ ここがヒミツ /
大豆に油揚げと冷凍しやすい具で

\ ここがヒミツ /
およそ1袋分の切り昆布を使いきり。日持ちもいい！

| 冷蔵4〜5日 | 冷凍3週間 | レンジ解凍 | 25分 |

ほっとする甘辛煮。濃すぎず飽きない味つけに

五目ひじき煮

材料（4人分）

芽ひじき(乾燥)	30g
にんじん	1/3本
油揚げ	1/2枚
大豆(水煮)	50g

A
だし汁	3/4カップ
しょうゆ	大さじ2
砂糖	大さじ1と1/2
酒	大さじ1
サラダ油	小さじ2

1 ひじきは流水でさっと洗い、水に20分ひたしてもどし、水けをきる。にんじんは3〜4cm長さの短冊切りにする。油揚げは熱湯を回しかけ、1cm幅の短冊切りにする。

2 鍋にサラダ油を中火で熱し、ひじき、にんじん、大豆を入れて炒める。油がまわったら、A、油揚げを加えてふたをし、煮立ったら弱火にして15分ほど煮る。

| 冷蔵4〜5日 | 冷凍3週間 | レンジ解凍 | 20分 |

つるつるした、昆布ならではの食感を楽しんで

切り昆布と豚肉の炒め煮

材料（4人分）

切り昆布(乾燥)	30g
豚薄切り肉(ももやロース)	100g
にんじん	1/3本
しょうがのせん切り	1/2かけ分

A
だし汁	1と1/2カップ
しょうゆ	大さじ1と1/2
砂糖・酒	各大さじ1
サラダ油	小さじ2

1 切り昆布は流水でさっと洗い、水に20分ひたしてもどし、水けをきって10cm長さに切る。豚肉は細切りにし、にんじんは5〜6cm長さの細切りにする。

2 鍋にサラダ油を中火で熱し、豚肉、にんじんを入れて炒める。肉の色が変わったら、しょうが、昆布を加えてさっと炒め、Aを加えてふたをする。煮立ったら弱火にして15分ほど煮る。

\ ここがヒミツ /
粉山椒をふると香りがよくなりさっぱり

\ ここがヒミツ /
野菜を各種合わせて彩りよく

冷蔵4〜5日　冷凍3週間　レンジ解凍　20分

山椒のきいた簡単であっさり味わえる常備菜
ひじきとごぼうの山椒煮

材料（4人分）
- 芽ひじき（乾燥）……… 30g
- ごぼう ……………………… 1本
- A ┌ だし汁 ……………… 1カップ
　　└ しょうゆ・みりん… 各大さじ2
- 粉山椒 ……………………… 少々
- サラダ油 ………………… 小さじ2

1 ひじきは流水でさっと洗い、水に20分ひたしてもどし、水けをきる。ごぼうは短めのささがきにし、水にさらして水けをきる。

2 鍋にサラダ油を中火で熱し、ごぼうを炒める。油がまわったら、ひじきを加えてさっと炒め、Aを加えてふたをする。煮立ったら弱火にして15分ほど煮て、山椒をふって混ぜ合わせる。

冷蔵3〜4日　冷凍NG　15分

具だくさんで食べごたえも満点
野菜と牛肉のチャプチェ

材料（4人分）
- 春雨（乾燥）……………… 40g
- 玉ねぎ …………………… 1/4個
- 黄パプリカ ……………… 1/4個
- にんじんの細切り ……… 1/3本分
- しいたけの薄切り ……… 2枚分
- きゅうりのせん切り …… 1/2本分
- 牛薄切り肉 ……………… 100g
- A ┌ にんにくのみじん切り… 少々
　　├ しょうゆ …………… 大さじ1
　　├ 砂糖 ………………… 小さじ2
　　└ 酒・ごま油 ……… 各小さじ1
- 塩・こしょう …………… 各少々
- 白いりごま ……………… 小さじ1
- ごま油 …………………… 小さじ2

1 春雨は熱湯に5分ひたしてもどし、ざく切りする。玉ねぎは1cm幅のくし形切りに、パプリカは横薄切りにする。きゅうりは、塩少々（分量外）をふって水けを絞る。牛肉は細切りにし、Aと混ぜる。

2 フライパンにごま油を中火で熱し、玉ねぎ、にんじん、しいたけを炒める。しんなりしたらパプリカ、きゅうりを加えてさっと炒め、塩、こしょうをふって取り出す。

3 続けて、牛肉をつけ汁ごと加え、ほぐし炒める。火が通ったら火を止め、春雨、**2**を混ぜ合わせ、ごまをふる。

あると助かる！❸ ＼ 冷蔵庫に常備！ ／

好みの野菜で かんたん浅漬け

パリパリとご飯のおともや箸休めに、あるとうれしい野菜の浅漬け。
半端が出た野菜の使いきりにもぴったりです。
すばやく漬かるポリ袋の漬け方なら、袋のまま保存もできて手間いらず。好みの野菜を4種の味で楽しんで。

ポリ袋を使った基本の漬け方
早く漬かってラクちん

1 清潔なポリ袋に材料をすべて入れ、袋の上から軽くもむ。

2 袋の空気をよく抜いて、具材の入った部分のすぐ上からくるくると袋をねじり上げていく。

3 ねじった根元近くをキュッと結び、そのまま冷蔵庫で保存。袋がぺったりと具材に張りついて真空状態になると理想的。調味料が野菜にしみ込みやすくなり、早くしっかり漬かる。

塩で

冷蔵3〜4日

シンプルな定番。青じそで香りよく
きゅうりの塩漬け

材料（作りやすい分量）
きゅうり……………… 2本（200g）
青じそ………………………… 2枚
塩………………………… 小さじ1/5

1 きゅうりは1cm幅の斜め切りにする。青じそは細かく刻む。

2 ポリ袋に1と塩を入れて軽くもむ。袋の空気を抜いて口をしばり、15分以上漬ける。

こんな野菜もおすすめ
- キャベツ　● かぶ
- にんじん　● 白菜

甘酢で

ほんのり甘く、まろやかな酸味
かぶのさっぱり酢漬け

材料（作りやすい分量）
かぶ .... 2個(160g)
赤唐辛子の輪切り... 1/4本分
酢 大さじ1
砂糖 大さじ1/2
塩 .... 少々

こんな野菜もおすすめ
● 大根　　● れんこん
● にんじん　● セロリ

1 かぶは葉を落として、皮をむく。大きければ縦半分に切り、薄切りにする。ポリ袋に入れて塩ひとつまみ（分量外）をふってもみ、5分おいて水けを袋の口から流し捨てる。

2 1のポリ袋に残りの材料をすべて入れ、軽くもむ。袋の空気を抜いて口をしばり、10分以上漬ける。

冷蔵3〜4日

辛子＋みそで

コクがあって辛子の香りがさわやか
セロリの辛子みそ漬け

材料（作りやすい分量）
セロリ .... 1本(100g)
練り辛子 小さじ1/3
みそ 大さじ1
みりん 小さじ1

こんな野菜もおすすめ
● きゅうり　● にんじん
● ごぼう（さっとゆでる）
● なす（塩もみして水けを絞る）

1 セロリは筋を取り、5cm長さに切り、太い部分はさらに半分に切る。

2 ポリ袋にセロリ以外の材料をすべて入れ、よく混ぜる。1を加えて軽くもみ、袋の空気を抜いて口をしばり、15分以上漬ける。

冷蔵3〜4日

梅干しで

白い野菜はほんのりピンク色に
大根の梅漬け

材料（作りやすい分量）
大根 4cm分
梅干し 1/2個
みりん 小さじ1
塩 小さじ1/5

こんな野菜もおすすめ
● かぶ　　● きゅうり
● れんこん　● セロリ

1 大根は皮をむき、縦4つ割りにして、さらに薄切りにする。ポリ袋に入れて塩ひとつまみ（分量外）をふってもみ、5分おいて水けを袋の口から流し捨てる。

2 梅干しの実をちぎり、みりん、塩とともに1のポリ袋に加えて軽くもむ。袋の空気を抜いて口をしばり、15分以上漬ける。

冷蔵3〜4日

使いたい食材で探せる！ 材料別さくいん

主役の野菜はもちろん、肉や魚、卵など、種類ごとに食材名を50音順に並べてあります。使いたい食材からおかずを探したいときに役立ててください。

【肉・加工肉】

合いびき肉
- 根菜ハンバーグ ………………… 20
- 野菜キーマカレー ……………… 22
- オクラのチリソース煮 ………… 143

牛薄切り肉（もも・ロースなど）
- 野菜と牛肉のチャプチェ ……… 153

牛切り落とし肉
- きのこと牛肉のしぐれ煮 ……… 80
- きゅうりと牛肉の山椒炒め …… 111
- 白菜と牛肉の甘酢炒め ………… 115
- 長いもと牛肉の炒め煮 ………… 124

鶏ささみ
- ごぼうサラダ …………………… 70

鶏手羽中
- れんこんと鶏手羽の炒め煮 …… 74

鶏ひき肉
- 玉ねぎのそぼろ煮 ……………… 45
- 里いものそぼろ煮 ……………… 131

鶏胸肉
- 野菜と鶏のクリームグラタン … 26
- 白菜と鶏のクリーム煮 ………… 115

鶏もも肉
- 根菜と鶏の炒め煮 ……………… 36

豚薄切り肉（もも・ロースなど）
- 彩り八宝菜 ……………………… 24
- ソース焼きそば ………………… 40
- なすと豚の大葉みそ炒め ……… 59
- かぼちゃと豚肉の炒め煮 ……… 61

- 豚バラ大根 ……………………… 93
- 大根と豚肉の韓国風炒め ……… 94
- アスパラの肉巻き ……………… 112
- 白菜と豚バラの重ね煮 ………… 114
- 切り昆布と豚肉の炒め煮 ……… 152

豚切り落とし肉
- いんげんと豚肉の炒め煮 ……… 101

豚ひき肉
- ピーマンの肉詰め 甘辛煮 …… 30
- 麻婆なす ………………………… 32
- かぶの葉のそぼろ炒め ………… 120
- さつまいもの麻婆煮 …………… 123
- ズッキーニとひき肉の韓国風炒め
  ……………………………………… 145

豚ロースかたまり肉
- ポークビーンズ ………………… 149

ソーセージ
- きのこのナポリタン …………… 42
- 玉ねぎのカレー炒め …………… 46
- れんこんのチリトマト煮 ……… 75
- セロリとソーセージのエスニック炒め
  ……………………………………… 107

ハム・生ハム
- 野菜たっぷり焼きコロッケ …… 28
- 卵とねぎのシンプル炒飯 ……… 41
- ブロッコリーのタルタルサラダ … 77
- ポテトサラダ …………………… 96
- 白菜のサラダ …………………… 116
- ねぎの生ハム巻マリネ ………… 132
- 切干大根の洋風サラダ ………… 151

ベーコン
- なすのカレースパイス煮 ……… 59

- かぼちゃのお焼き ……………… 63
- ごぼうのトマト煮 ……………… 71
- キャベツの粒マスタード煮 …… 89
- セロリのポトフ ………………… 108
- かぶとベーコンのサラダ ……… 121

焼き豚
- ねぎと焼き豚のマリネ ………… 133

【魚貝類】

いか
- ピーマンといかの中華風レモン塩マリネ
  ……………………………………… 53
- ミニトマトといかのハーブマリネ
  ……………………………………… 104
- 里いもといかの煮もの ………… 129

えび
- 彩り八宝菜 ……………………… 24
- れんこんのお焼き ……………… 73
- かぶとえびのあんかけ ………… 121

鮭
- きのこと鮭のクリームソース … 38
- キャベツと鮭のレモンあえ …… 88

しらす干し
- ほうれん草としらすの卵炒め … 135

スモークサーモン
- 炒め玉ねぎとサーモンのマリネ
  ……………………………………… 45

たこ
- れんこんとたこの梅マリネ …… 72
- セロリとたこのマリネ ………… 108

ちりめんじゃこ
- 玉ねぎとじゃこの煮もの ……… 44
- セロリのじゃこ炒め …………… 106

たらこ・明太子
- えのきとにんじんのたらこいり … 85
- 明太ポテトサラダ ……………… 97
- かぶとたらこのキムチ風 ……… 120

帆立（蒸し）
- チンゲン菜のクリーム煮 ……… 137

【海産加工品】

あさり（水煮）缶
- ブロッコリーとあさりの蒸し煮 … 76

アンチョビー
- 小松菜のペペロンチーノ炒め … 66
- じゃがいもとパプリカのアンチョビー炒め
  ……………………………………… 97
- いんげんのタップナードサラダ
  ……………………………………… 103
- 焼きズッキーニのマリネ ……… 144

かに風味かまぼこ
- 大根とかにかまのサラダ ……… 95

さつま揚げ
- キャベツとさつま揚げの煮びたし … 89
- 白菜とさつま揚げの煮びたし … 117
- 切干大根の煮もの ……………… 151

ちくわ
- ブロッコリーとちくわの煮びたし … 79

ツナ缶

にんじんしりしり……………… 51
ごぼうとツナのソース炒め……… 70
いんげんとツナのトマト煮…… 102
ゴーヤとツナのチャンプルー…… 140

帆立缶

白菜と帆立のとろり煮……… 116

【野菜・くだもの 】

青じそ

なすと豚の大葉みそ炒め……… 59
キャベツとチーズの博多漬け… 91
きゅうりの塩漬け……………… 154

アスパラガス

野菜たっぷり焼きコロッケ……… 28
アスパラの肉巻き……………… 112
アスパラのチーズ焼き………… 113
アスパラの焼きびたし………… 113

オクラ

オクラのカレー炒め…………… 142
オクラのだし漬け……………… 143
オクラのチリソース煮………… 143

かぶ

かぶのマヨ炒め………………… 118
焼きかぶ………………………… 119
かぶのミルク煮………………… 119
かぶとたらこのキムチ風……… 120
かぶの葉のそぼろ炒め………… 120
かぶとえびのあんかけ………… 121
かぶとベーコンのサラダ……… 121
かぶのさっぱり酢漬け………… 155

かぼちゃ

野菜と鶏のクリームグラタン … 26
かぼちゃ煮……………………… 60
かぼちゃのカレーきんぴら……… 61
かぼちゃと豚肉の炒め煮……… 61
かぼちゃとコーンのミルク煮 …… 62
かぼちゃとクリームチーズのサラダ
…………………………………… 62
かぼちゃのミニトマト煮……… 63
かぼちゃのお焼き……………… 63

かぼちゃのポタージュスープの素
…………………………………… 86

キャベツ

野菜たっぷり焼きコロッケ……… 28
ソース焼きそば………………… 40
キャベツと鮭のレモンあえ……… 88
キャベツの粒マスタード煮…… 89
キャベツとさつま揚げの煮びたし
…………………………………… 89
コールスローサラダ…………… 90
キャベツの辣白菜……………… 90
キャベツのソース炒め………… 91
キャベツとチーズの博多漬け… 91

きゅうり

キャベツとチーズの博多漬け … 91
きゅうりのピクルス…………… 110
きゅうりのまる漬け…………… 111
きゅうりと牛肉の山椒炒め…… 111
野菜と牛肉のチャプチェ……… 153
きゅうりの塩漬け……………… 154

クリームコーン缶

にんじんのコーンクリーム煮…… 49

コーン

野菜たっぷり焼きコロッケ……… 28
かぼちゃとコーンのミルク煮 …… 62
コールスローサラダ…………… 90

ゴーヤ

ゴーヤとツナのチャンプルー … 140
揚げ焼きゴーヤのマリネ……… 141
ゴーヤのわさびマヨあえ……… 141

ごぼう

根菜ハンバーグ………………… 20
根菜と鶏の炒め煮……………… 36
きんぴらごぼう………………… 68
中華風きんぴら………………… 69
たたきごぼう…………………… 69
ごぼうサラダ…………………… 70
ごぼうとツナのソース炒め…… 70
ごぼうのギリシャ風マリネ…… 71
ごぼうのトマト煮……………… 71
五目豆…………………………… 148
ひじきとごぼうの山椒煮……… 153

小松菜

小松菜と焦がしねぎの中華炒め
…………………………………… 64
小松菜とえのきの煮びたし…… 65
小松菜のおかか辛子あえ……… 65
小松菜のナムル………………… 66
小松菜のペペロンチーノ炒め… 66
小松菜の中華漬け……………… 67
小松菜の信太巻き……………… 67

さつまいも

さつまいものはちみつレモン煮 … 122
焼き大学いも…………………… 123
さつまいもの麻婆煮…………… 123

里いも

里いものごまみそ煮…………… 128
里いもの煮っころがし………… 129
里いもといかの煮もの………… 129
里いもの中華風ねぎ塩煮……… 130
揚げ焼き里いものり塩あえ…… 130
里いものともあえ……………… 131
里いものそぼろ煮……………… 131

さやいんげん

彩り八宝菜……………………… 24
いんげんのごまみそあえ……… 100
いんげんのザーサイ炒め……… 101
いんげんと豚肉の炒め煮……… 101
いんげんの田舎煮……………… 102
いんげんとツナのトマト煮…… 102
いんげんのごま白あえ………… 103
いんげんのタップナードサラダ… 103

じゃがいも

野菜たっぷり焼きコロッケ……… 28
ポテトサラダ…………………… 96
明太ポテトサラダ……………… 97
じゃがいもとパプリカのアンチョビー炒め
…………………………………… 97
じゃがいもと玉ねぎの甘辛煮… 98
クリーミーマッシュポテト…… 98
せん切りいものさっぱり酢炒め … 99
じゃがいも餅…………………… 99

ズッキーニ

ラタトゥイユ…………………… 34
焼きズッキーニのマリネ……… 144

ズッキーニのジョン…………… 145
ズッキーニとひき肉の韓国風炒め
…………………………………… 145

セロリ

野菜キーマカレー……………… 22
ラタトゥイユ…………………… 34
セロリのじゃこ炒め…………… 106
セロリとにんじんの炒めサラダ
…………………………………… 107
セロリとソーセージのエスニック炒め
…………………………………… 107
セロリとたこのマリネ………… 108
セロリのポトフ………………… 108
セロリの土佐煮………………… 109
セロリとくるみのクリームチーズサラダ
…………………………………… 109
オクラのチリソース煮………… 143
ポークビーンズ………………… 149
セロリの辛子みそ漬け………… 155

大根

大根のだし煮…………………… 92
豚バラ大根……………………… 93
炒めなます……………………… 93
大根と豚肉の韓国風炒め……… 94
大根のねぎ塩炒め……………… 94
焼き大根………………………… 95
大根とかにかまのサラダ……… 95
大根の梅漬け…………………… 155

たけのこ（水煮）

たけのこの中華きんぴら……… 146
焼きたけのこの山椒塩………… 147
たけのこの土佐煮……………… 147

玉ねぎ

根菜ハンバーグ………………… 20
野菜キーマカレー……………… 22
野菜と鶏のクリームグラタン … 26
野菜たっぷり焼きコロッケ……… 28
ラタトゥイユ…………………… 34
ソース焼きそば………………… 40
きのこのナポリタン…………… 42
玉ねぎとじゃこの煮もの……… 44
玉ねぎのそぼろ煮……………… 45
炒め玉ねぎとサーモンのマリネ
…………………………………… 45

157

玉ねぎと桜えびのチリソース炒め …………… 46
玉ねぎのカレー炒め ………… 46
玉ねぎのコンソメ煮 ………… 47
焼き玉ねぎの土佐漬け ……… 47
焼きピーマンのマリネ ……… 54
なすのカポナータ …………… 56
レンジなすのエスニックサラダ … 57
ブロッコリーのタルタルサラダ … 77
ブロッコリーのオムレツ …… 78
かぼちゃのポタージュスープの素 …………… 86
コールスローサラダ ………… 90
明太ポテトサラダ …………… 97
じゃがいもと玉ねぎの甘辛煮 … 98
オクラのチリソース煮 ……… 143
ポークビーンズ ……………… 149
豆のマスタード風味マリネ … 149
野菜と牛肉のチャプチェ …… 153

チンゲン菜

チンゲン菜の塩炒め ………… 136
チンゲン菜と油揚げの煮びたし …………… 137
チンゲン菜のクリーム煮 …… 137

トマト

トマトのだし煮 ……………… 105
セロリとたこのマリネ ……… 108

トマト缶

根菜ハンバーグ ……………… 20
ラタトゥイユ …………………… 34
なすのカポナータ …………… 56
ごぼうのトマト煮 …………… 71
れんこんのチリトマト煮 …… 75
いんげんとツナのトマト煮 … 102
オクラのチリソース煮 ……… 143
ポークビーンズ ……………… 149

長いも

長いもと牛肉の炒め煮 ……… 124
長いものガーリックバター炒め … 125
長いもの白煮 ………………… 125
長いもの照り焼き …………… 126
長いもの梅酢漬け …………… 126
長いもとチーズのガレット … 127
長いものわさびじょうゆ漬け … 127

長ねぎ

彩り八宝菜 …………………… 24
ピーマンの肉詰め 甘辛煮 …… 30
麻婆なす ……………………… 32
卵とねぎのシンプル炒飯 …… 41
にんじんのナムル …………… 48
かぼちゃと豚肉の炒め煮 …… 61
小松菜と焦がしねぎの中華炒め … 64
小松菜のナムル ……………… 66
小松菜の中華漬け …………… 67
ブロッコリーのナムル ……… 79
きのこのおからいり煮 ……… 81
焼きエリンギのねぎ塩あえ … 84
大根と豚肉の韓国風炒め …… 94
大根のねぎ塩炒め …………… 94
いんげんのザーサイ炒め …… 101
白菜と牛肉の甘酢炒め ……… 115
さつまいもの麻婆煮 ………… 123
里いもの中華風ねぎ塩煮 …… 130
ねぎの生ハム巻マリネ ……… 132
ねぎと焼き豚のマリネ ……… 133
焼きねぎびたし ……………… 133
切干大根の中華炒め ………… 150

なす

野菜キーマカレー …………… 22
麻婆なす ……………………… 32
ラタトゥイユ ………………… 34
なすのカポナータ …………… 56
焼きなすのだしびたし ……… 57
レンジなすのエスニックサラダ … 57
レンジなすのマスタードマリネ … 58
なすの田舎煮 ………………… 58
なすと豚の大葉みそ炒め …… 59
なすのカレースパイス煮 …… 59

にら

にらチヂミ …………………… 138
にらの卵とじ煮 ……………… 139
にらともやしのナムル ……… 139

にんじん

彩り八宝菜 …………………… 24
根菜と鶏の炒め煮 …………… 36
ソース焼きそば ……………… 40
にんじんのナムル …………… 48
にんじんラペ ………………… 49
にんじんのコーンクリーム煮 … 49

にんじんのごま酢あえ ……… 50
にんじんグラッセ …………… 50
にんじんのザーサイ炒め …… 51
にんじんしりしり …………… 51
きんぴらごぼう ……………… 68
えのきとにんじんのたらこいり … 85
炒めなます …………………… 93
ポテトサラダ ………………… 96
セロリとにんじんの炒めサラダ … 107
五目豆 ………………………… 148
切干大根の煮もの …………… 151
五目ひじき煮 ………………… 152
切り昆布と豚肉の炒め煮 …… 152
野菜と牛肉のチャプチェ …… 153

白菜

彩り八宝菜 …………………… 24
白菜と豚バラの重ね煮 ……… 114
白菜と鶏のクリーム煮 ……… 115
白菜と牛肉の甘酢炒め ……… 115
白菜のサラダ ………………… 116
白菜と帆立のとろり煮 ……… 116
白菜とさつま揚げの煮びたし … 117
水キムチ ……………………… 117

パプリカ

野菜キーマカレー …………… 22
彩り八宝菜 …………………… 24
ラタトゥイユ ………………… 34
ピーマンのきんぴら ………… 52
焼きピーマンとパプリカのバジルマリネ …………… 55
じゃがいもとパプリカのアンチョビー炒め …………… 97
ポークビーンズ ……………… 149
野菜と牛肉のチャプチェ …… 153

万能ねぎ

れんこんのお焼き …………… 73

ピーマン

ピーマンの肉詰め 甘辛煮 …… 30
ソース焼きそば ……………… 40
ピーマンのきんぴら ………… 52
ピーマンのごまみそ炒め …… 53
ピーマンといかの中華風レモン塩マリネ …………… 53
焼きピーマンのマリネ ……… 54

ピーマンと油揚げの炒め煮 … 54
焼きピーマンとパプリカのバジルマリネ …………… 55
ピーマンのケチャップみそ焼き …………… 55

ブロッコリー

野菜と鶏のクリームグラタン … 26
ブロッコリーとあさりの蒸し煮 … 76
ブロッコリーのしょうがびたし … 77
ブロッコリーのタルタルサラダ … 77
ブロッコリーのチーズフリッター …………… 78
ブロッコリーのオムレツ …… 78
ブロッコリーのナムル ……… 79
ブロッコリーとちくわの煮びたし … 79
ポテトサラダ ………………… 96

ほうれん草

ほうれん草のごまあえ ……… 134
ほうれん草としらすの卵炒め … 135
ほうれん草とチーズのサラダ … 135

みつ葉

しめじのマヨあえサラダ …… 83

ミニトマト

かぼちゃのミニトマト煮 …… 63
ミニトマトといかのハーブマリネ …………… 104
ミニトマトのはちみつレモンマリネ …………… 105

みょうが

キャベツとチーズの博多漬け … 91

もやし

にらともやしのナムル ……… 139

りんご

水キムチ ……………………… 117

レモン

炒め玉ねぎとサーモンマリネ … 45
ピーマンといかの中華風レモン塩マリネ …………… 53
ごぼうのギリシャ風マリネ … 71
キャベツと鮭のレモンあえ … 88

ミニトマトのはちみつレモンマリネ …… 105	きのこのおからいり煮 ………… 81	かぼちゃとクリームチーズのサラダ …… 62
さつまいものはちみつレモン煮 … 122	きのこのアヒージョ風 ……… 82	かぼちゃのお焼き ………… 63
	レンジしめじの酢のもの ……… 82	キャベツとチーズの博多漬け … 91
### れんこん	しめじのマヨあえサラダ ……… 83	セロリとくるみのクリームチーズサラダ …… 109
根菜ハンバーグ ……………… 20	### まいたけ	長いもとチーズのガレット …… 127
根菜と鶏の炒め煮 …………… 36	きのこと牛肉のしぐれ煮 ……… 80	ほうれん草とチーズのサラダ … 135
れんこんとたこの梅マリネ …… 72	### マッシュルーム	### 【豆・乾物・加工品】
れんこんのお焼き …………… 73	きのこと鮭のクリームソース …… 38	
れんこんの辛子みそあえ …… 73		### いんげん豆（水煮）
れんこんの塩きんぴら ……… 74	### 【卵】	豆のマスタード風味マリネ …… 149
れんこんと鶏手羽の炒め煮 … 74	卵とねぎのシンプル炒飯 …… 41	### 黒オリーブ
揚げれんこんの酢じょうゆあえ … 75	にんじんしりしり …………… 51	ブロッコリーとあさりの蒸し煮 …… 76
れんこんのチリトマト煮 …… 75	ブロッコリーのタルタルサラダ … 77	いんげんのタップナードサラダ …… 103
	ブロッコリーのオムレツ ……… 78	
### 【きのこ】	ポテトサラダ ………………… 96	### 切り昆布
	ほうれん草としらすの卵炒め … 135	切り昆布と豚肉の炒め煮 …… 152
### えのきだけ	にらの卵とじ煮 ……………… 139	### 切干大根
ピーマンの肉詰め 甘辛煮 …… 30	ゴーヤとツナのチャンプルー … 140	切干大根の中華炒め ……… 150
小松菜とえのきの煮びたし … 65		切干大根の煮もの ………… 151
きのこのおからいり煮 ……… 81	### 【豆腐・大豆製品】	切干大根の洋風サラダ …… 151
えのきとにんじんのたらこいり … 85		### くるみ
なめたけえのき ……………… 85	### 油揚げ	セロリとくるみのクリームチーズサラダ
### エリンギ	ピーマンと油揚げの炒め煮 …… 54	…… 109
野菜キーマカレー …………… 22	小松菜の信太巻き ………… 67	### 桜えび
きのこと鮭のクリームソース …… 38	炒めなます ………………… 93	玉ねぎと桜えびのチリソース炒め
きのこのナポリタン ………… 42	いんげんの田舎煮 ………… 102	……………………… 46
焼ききのこのマリネ ………… 81	チンゲン菜と油揚げの煮びたし … 137	レンジなすのエスニックサラダ … 57
きのこのアヒージョ風 ……… 82	五目ひじき煮 ……………… 152	大根のねぎ塩炒め ………… 94
エリンギの塩きんぴら ……… 83	### おから	切干大根の中華炒め ……… 150
焼きエリンギのねぎ塩あえ … 84	きのこのおからいり煮 ……… 81	### ザーサイ
### しいたけ	### 大豆（水煮）	にんじんのザーサイ炒め …… 51
彩り八宝菜 …………………… 24	五目豆 ……………………… 148	いんげんのザーサイ炒め …… 101
焼ききのこのマリネ ………… 81	五目ひじき煮 ……………… 152	### 白菜キムチ
きのこのおからいり煮 ……… 81	### 豆腐	にらチヂミ ………………… 138
きのこのアヒージョ風 ……… 82	いんげんのごま白あえ …… 103	### 春雨（乾燥）
しいたけの中華煮 …………… 84		野菜と牛肉のチャプチェ …… 153
野菜と牛肉のチャプチェ …… 153	### 【チーズ】	
### しめじ	ピーマンのケチャップみそ焼き … 55	
野菜と鶏のクリームグラタン …… 26		
きのこと鮭のクリームソース …… 38		### ひじき（乾燥）
きのこのナポリタン ………… 42		五目ひじき煮 ……………… 152
きのこと牛肉のしぐれ煮 …… 80		ひじきとごぼうの山椒煮 …… 153
焼ききのこのマリネ ………… 81		### ひよこ豆（水煮）
		ポークビーンズ …………… 149
		### 干ししいたけ
		根菜と鶏の炒め煮 ………… 36
		炒めなます ………………… 93
		五目豆 ……………………… 148
		### 松の実
		ブロッコリーのナムル ……… 79
		水キムチ …………………… 117
		### ミックスビーンズ
		野菜キーマカレー …………… 22

159

著者
岩﨑啓子（いわさき けいこ）

料理研究家、管理栄養士。書籍、雑誌、メニュー開発などを中心に、栄養学にもとづいた手軽でおいしい、からだにやさしい家庭料理を提案。保健所の料理教室、健康・栄養指導などにも携わる。健康料理、ダイエット料理をはじめ、食材の冷凍ワザや活用法のレシピの第一人者として知られる。著書に『冷凍保存節約レシピ』（日本文芸社）、『おうちで、できたて！ デパ地下サラダ』（小社）、『作りおき健康サラダ』（PHP研究所）、『簡単に作れておいしい！ 温野菜サラダ103』（宝島社）など。

制作スタッフ

撮影	吉田篤史
アートディレクション	大薮胤美（フレーズ）
デザイン	宮代佑子・川内栄子（フレーズ）
スタイリング	坂本典子（シェルト＊ゴ）
編集・取材	山﨑さちこ・坂本典子・佐藤由香（シェルト＊ゴ）
編集協力	池谷 梢
調理アシスタント	上田浩子・近藤浩美・林 亜紀
イラスト	石山綾子
校正	滝田 恵（シェルト＊ゴ）

本書の内容に関するお問い合わせは、書名、発行年月日、該当ページを明記の上、書面、FAX、お問い合わせフォームにて、当社編集部宛にお送りください。電話によるお問い合わせはお受けしておりません。
また、本書の範囲を超えるご質問等にもお答えできませんので、あらかじめご了承ください。
　　FAX：03-3831-0902
　　お問い合わせフォーム：http://www.shin-sei.co.jp/np/contact-form3.html

落丁・乱丁のあった場合は、送料当社負担でお取替えいたします。当社営業部宛にお送りください。
本書の複写、複製を希望される場合は、そのつど事前に、出版者著作権管理機構（電話：03-3513-6969、FAX：03-3513-6979、e-mail：info@jcopy.or.jp）の許諾を得てください。
JCOPY ＜出版者著作権管理機構 委託出版物＞

野菜おかず作りおき かんたん217レシピ

著　者　　岩﨑啓子
発行者　　富永靖弘
印刷所　　公和印刷株式会社

発行所　東京都台東区台東2丁目24　株式会社 新星出版社
〒110-0016　☎03(3831)0743

Ⓒ Keiko Iwasaki　　　　　Printed in Japan

ISBN978-4-405-09304-1